再考「鎌倉史」と征夷大将軍

「古代みちのく」と家持・文覚・頼朝

Seiji Aihara
相原精次

彩流社

はじめに

一　「明治維新」の歴史学・その実際

明治維新は国際的な視野での「国家概念」を模索し、そこに付随する「憲法」を重視することになった。また文化面一般では諸外国の専門家を先達として招き入れ、それらから学ぶことに積極的に取り組んだ。そしてそれは「政治・学問」等々の「近代化」のため大きな意味を持つことになった。

ただ一点、私は歴史の分野だけは、これらとは別に見る必要があると思っている。新興明治維新政権は「国家の歴史概念」については先進諸国にならっての近代的「歴史学」のありようと全く違う構想のもとで「大日本帝国」を発足させる方向に動いたのだった。

古代の天皇親政への「復古」を自己正当化のイデオロギーとして成立した近代天皇制国家は、天皇を、神話の時代より続く「万世一系」の超歴史的存在として位置付けた。そして、その裏づけとして、日本の「神話」「歴史」「伝統」などが、さまざまな形で再構成されて語られることになる。

（長谷川亮一著『「皇国史観」という問題』「第2章　近代国体論の変容」二〇〇八年・白澤社発行）

右にあるように、

①近代天皇制国家は天皇という存在が神話の時代に始まって、以下に続く「万世一系」として超歴史的存在として位置付けた。

②その裏づけとするために日本の「神話」「歴史」「伝統」などが、さまざまな形で再構成された上で作られ、語られることになる。

つまり多くの分野で先進諸外国から「遅れていた部分を学ぶ」という謙虚さを持っていたのだが、「歴史分野」について、とりわけ「古代史」に関して『記・紀』から発想を得た上で「神話・政治構造」を「建国」での「国体論」「国家像構成」のため最大限利用した。

神話的には主に『古事記』から、「政治構造」については主に『日本書紀』から発想を得ながらそれを恣意的な方向性のもとで読むための工夫をしたのである。

例えばここに新たに発足する時代への名を当面「明治維新」と名付けて、そこに「近代化」という理念を含ませたが、その実、『日本書紀』に記載されている一つの政治変化の記事に対して「大化改新」という歴史用語を作ることによって解説し、新時代と古代史とがシンクロするような工夫を凝らした。

こうすることによって、ここで向かうべき歴史での重要な「論議・実証」＝「科学性」というという煩瑣を省略し、最古の文献資料『記・紀』の名を借りて再構成した為政者の「恣意」

にゆだねられる「国史」を方向付けたというのが実際だった。

二　「国史」と古代史

わが国の「近代」とは「明治維新以降第二次世界大戦が終了するまで」と一般にいわれる。ざっと「一八六四年から一九四五年」という約八〇年の期間であり、その間は様々な形の戦争の繰り返しだった。そしてこの間の戦争を遂行する際の方針として主に「古代史」は、先に見たように意図的に作られ、「国史」としての権威を持つ強固な「壁」となった。

「近代的歴史学」への阻害

新時代を迎え近代先進国の方法に触れて「歴史学」に夢を抱き学究の徒として近代の「歴史学」を始めようと諸外国の例を参考に「無土器時代（旧石器時代）—縄文時代（新石器時代）—弥生時代（金石併用時代）—古墳時代」などという時代分けを考案し、これまでの「歴史」になかった発想に関心を持ちながらも学者達は学問の新時代到来を喜んだ。

しかしそれもつかの間、「神話—万世一系の天皇制」という「国史」の方向性が示されると、それは新たに想定した歴史時代区分とは全く乖離し、ここに設定していた時代区分名などは研究対象から外されることになって、その名だけがむなしく残っていく結果になった。

ところで、わが国の「古代史」の分野では江戸時代までは、それなりに各考究者たちの自己の発想のもと自由な好奇心のおもむくままに生長していた事実があった

そんな状況の具体例として三内丸山遺跡がある。

三内丸山遺跡は青森市三内字《あざ》丸山にあり、縄文時代の代表的な遺跡で、一般には、「青森市が野球場建設のため、小高い丘陵地帯で工事を始めたことがきっかけとなって確認されたもので平成四年（一九九二）から発掘調査がおこなわれた」と理解しているのであるが、実はこの遺跡は江戸時代の一八世紀末～一九世紀初頭頃にすでに知られていたのである。

それは奥羽各地を巡遊漂白した謎の人物菅江真澄《すがえますみ》（一七五四～一八二九）の著した『菅江真澄遊覧記——すみかの山』に「この村の古い堰の崩れたところから、縄形、布形の古い瓦あるいは、かめのこわれたような形をしたものを発掘したと、説明されているものを見た」と紹介され、「人の頭、仮面などの形をした出土品もあり」と「縄文時代」という表現のない時代なりの焼き物や土偶のことが書かれているのである。

しかしこの件、新しい時代「明治維新」以降になって、より深められたり、改めて探索することは抑えられてしまったのであった。そして忘れ去られ、放置されていたものが戦後、平成になって見つかり、これが新発見かのように騒がれて現在国指定特別史跡となっているのである。

この遺跡は今から約五五〇〇年～四〇〇〇年前の縄文時代（縄文時代中期から中期末）の集

落跡なのであるが、この究明は明治維新以降百数十年、関心を持つことが抑えられたため究明するすることが「遅滞した」ということになる。

つまりこれは一例なのだが、今もなおこの例以外にも多々ある。このことについては「序章」で改めて検討したい。

三　頼朝までの「征夷大将軍史」

ところで、戦後になっても検討・検証という実体からほど遠いところで停止していた歴史概念はその他様々あるのだが、戦前とくに「征夷大将軍」という言葉の持つ意味の吟味が放置され、結果的に今に至っても「鎌倉時代」の理解も浅いところでとどまったままである、と私は思っている。それがどういうことか。いくつかその要素を挙げてみたい。

◎坂上田村麻呂に「征夷大将軍」の名はあったよね？　その田村麻呂とはだれ？
◎平将門が「将門の乱」を起こしているね、この東国での活動とは何だったの？
◎ところで「前九年・後三年の役」って何だった？
◎源平の合戦とはどういう意味の合戦なの？
・「源平譚《たん》」（平家物語・源平盛衰記など）のわが国での歴史上での意味は？

・頼朝と義経の兄弟喧嘩の真相は？
・頼朝の就任した「征夷大将軍」の「征夷」の実質上の意味とはどういうこと？

いくつか「？」印を施してみた。一見すると「歴史事典」などを確認すればどれも、かなり詳しく「事の顚末、人物関係の絡み合い……」、等は解説されている。うっかりするとその解説で「満足」を得られた気になってしまうほどなのだが、ここに示した数多い「？」の事々が本来連続性のあるものなのだが、実はその「歴史の連続性」という問題をほとんど回避して「解説されている」、という事実があると私は思っている。

現在の「日本史」は時代区分名も、事件（事項）の名も一見「明確」だが、よくよく見ると連続性のない「ぶつ切り」状態なのである。これは近代での歴史学で、問題ごとの連続性追究が回避されてきた結果、と言い直せるだろう。というのもとりわけ「古代史」を語る段になると「皇国史観で造られた古代史」と必ずぶつかってしまう。歴史学者たちは何かを慮ってほどほどのところで、事の追究を収めてしまっているのである。そんな状況は何も戦前の話なのではなく、戦後も、間もなく八十年になろうとしている今、現在でも同じ状況なのである。

大伴家持と源頼朝・両者の共通点

ところで「征夷大将軍史」を語るための冒頭に「大伴家持」を挙げなければならないと私は思っている。私が学生だった一九六〇年代頃「和歌の神聖」を壊すな「家持を歴史事象の中にからめて語るな」といった「文学の聖性」が言われ、これに対して「歴史学の汚れ」といった発想が今でもなお残っているように思う。それがためだろう、『万葉集』を象徴する大伴家持の生涯を検討するにおいて家持の晩年が「征東」や「征夷」とどう絡んでいたかの意味はほとんど語られて来なかった。

実は「大伴家持」と「源頼朝」は重要な関係にあった。それは歴史現象の中で、やはり「皇国史観」によって疎んじられていた事項の中の重要な一件、とりわけ「みちのく」との絡みで重要な要素を持っている、と私は思っている。

改めてこの本では頼朝によって作られた鎌倉を根拠とする「武家政治の時代」の意味について「疎んじられた古代史の真実」という大きな視点を加えた上で「鎌倉史」を探ってみたいと思う。

二〇二三年二月

相原精次

目次

三　源平譚の実相　186

序章　歪められた「鎌倉史」――戦前の「統制・抑止・停滞」を超えて

一　古代学の対比・「江戸期」と「近・現代」

（一）「近世（江戸期）」――自由奔放な古代学

江戸時代末期には当時海禁（鎖国）という状況ではあったが一八二三（文政六）年に来日し蘭館医として長崎の出島で西洋医学を講じ、日本で医学生を育てたシーボルトは、一方で日本の文化のさまざまな分野に多大な関心を示し、探索・研究もしていた。そして、その研究の集大成として本文六巻と図版三巻からなる『日本』（一八三二～五一年）という書物をオランダ政府の後援のもとに出している。

そのなかでシーボルトは科学的な見方で日本先史時代の遺物に対して、はじめて石器時代・青銅器時代・鉄器時代の三時代区分を適用し、日本人起源論・形成論などにも言い及んでいる。（「シーボルト『日本』」・石山禎一他著・雄松堂書店）

とある。

また日本での近代的な「考古学」という学問は、アメリカからやってきたエドワード・S・モース（一八三八年～一九二五年）に始まるといわれる。

モースは動物学者として来日して東京大学で教鞭をとった。もともと抱いていた人類学などの関心のもと横浜駅より新橋駅へ向かう汽車の窓で貝塚を見つけたのは来日したその年、一八七七（明治十）年のことだった。これが大森貝塚で、やがてここの貝塚は発掘調査された。これが日本における科学的な方法に基づく最初の考古学的な発掘なのであった。以来、日本においてさまざまな発掘がおこなわれるようになるのである。「縄文」という名称は、モースが大森貝塚から発掘した土器をCord Marked Potteryと報告したことに由来するといわれる。

ただしこの「縄文」という時代区分が一般の人にも浸透していくのはモースの命名から約七十年も経過した戦後になってからのことであった。

なお「はじめに」（6ページ）で紹介してあるように縄文時代の「三内丸山遺跡」はすでに江戸時代に確認され『菅江真澄遊覧記』にそのことの記事があるのである。

1 「集古」ブーム

『菅江真澄遊覧記』の出版された江戸時代の十八世紀末～十九世紀初頭の頃、古いものを発掘収拾するブームがあった。たとえば奥州白河藩主松平定信は寛政五年（一七九三）に幕府老中職を退き、文化九年（一八一二）に家督を譲って「楽翁」と号して学問に励み、臣下の広瀬蒙斎らに寺社の宝物等の探訪をさせ『集古十種』を編集させた。この探訪・収拾は額・画・書・拓本・印章・刀剣・甲冑・馬具・楽器等々さまざまな分野におよび、その中には現在考古学的な資料としても重要なものも含まれている。

こうした風潮はさらに広まり、江戸はもとより、京都や大坂でも物産会などが開かれるようになっていった。江戸では耽奇会《たんきかい》なるグループもでき、関心は縄文時代や弥生時代の土器や土偶などにもおよんでいた。このなかにはいわゆる後に遮光器土偶などと呼ばれることになった土偶なども含まれていた。

2　山陵（古墳）のこと――『記・紀』での墓・陵

『古事記』には例外なく各天皇記末尾に崩御のことが記され、それとセットのような形で「天皇の御年○○歳、御陵は……にあり」の同一パターンで崩御時の年齢、陵の所在地という順で記事を締めくくっている。

一方『日本書紀』の方では、『古事記』ほど各天皇の記事末に律儀に同一パターンを繰り返すということはないが、基本的には天皇紀の末尾に崩御の記事があって、そこには多くの場合、セットのように陵の所在地の記述もある。なお、ときには次の天皇の即位に至る前の部分にある記事（即位前紀）に先の天皇について「○○陵に葬る」のように書かれている場合もある。

こうした『記・紀』にある「陵」の記事は八世紀代の記録として貴重であり、これらが平安時代『延喜式』内「諸陵寮」の記事のおおもとになったものであろうと思われる。

ところで、こうした『古事記』『日本書紀』を頂点とし、その後の『延喜式』などに記載された「陵墓」及びその所在地にかかわる記事は、日本列島内ほぼ全域に大きな規模で展開されていた「古墳文化の実態」とは大きくかけ離れていた。現に『記・紀』では、各天皇の記録末尾の「御陵」「陵」の記事がある以外、本文の内容では古墳文化への関心は薄い。

3　元禄期の修陵

延喜式内に見られる諸陵寮が復活するのは江戸時代になってのことで、江戸幕府による一六九七（元禄十）年、大和国内での山陵調査があった頃からのことである。なお、このときの諸陵探索については『諸陵周垣成就記』（元禄十二年）として残っている。

このような諸陵探索の動きについて時を追って確認してみよう。

①蒲生君平の『山陵志』

一六八一（延宝九）年、当時、土地に伝わっていた口碑伝承、あるいは寺社のゆかり、史跡についての解説など林宗甫《はやしそうほ》によって記録された『和州旧蹟幽考』があって、「巻十六・高市郡欽明天皇の陵」のところに、『日本書紀』や『延喜式・諸陵寮』にある記事は載せているものの、それが実際はどこなのか、そして記事はどの古墳のことなのかなどはわかっていなかった。こうした現状を憂えたのが蒲生君平《がもうくんぺい》だった。蒲生君平は個人的に関心を持ち調査していた「山陵」について、その調査成果を『山陵志』として一八〇八（文化五）年に著している。

君平は『記・紀』や「諸陵寮」での記録等をもとにして山陵についての調査を精力的に行い、一八〇八（文化五）年に『山陵志』を刊行した。この活動がきっかけとなり、以降、山陵の絵図を描く動きも少しずつ見られるようになったのである。

宇都宮藩主戸田忠恕《とだただゆき》が山陵修復の建議を幕府に提出したのはそうした動きのなかでのことだった。そして、これがさらに幕末の「文久の修築」という大きな高まりへ展開してゆくこととなり、また尊皇思想の高揚現象に対してこれが大きな影響を与えて行くことになった。

②水戸光圀と古墳発掘

江戸時代の初期、山陵（天皇陵）でさえ一般の人々にとっては関心の外にあった。

たとえば天和元（一六八一）年の『和州旧跡幽考』の「巻十五高市郡」のところに「此の郡に多く陵侍るよし、ふるき文どもに見え侍れども、今うち見渡しに見えず。後の人、あらためらるべし。たゞ名のみをしるすのみ」とあった。

元禄十（一六九七）年に幕府が大和の奉行に「帝陵の御在所書き付け申し出せ」と命じたところ「大和に陵一ヶ所もなきよし申し上げる、其のひかへ、奉行所に在」（『諸陵周垣成就記』）とある。これらの記事はともに山陵に対して当時ほとんど無関心であったことを示している。

③水戸光圀の学術調査

延宝四年（一六七六）、《下野国》（栃木県）那須郡で一人の旅の僧侶によって、那須国造碑が発見された。そのことを聞いた水戸光圀は、碑の文面を拓本に取り、碑にあった「那須国造」の文字に関心を抱いた。そして近くにある「車塚」と関係があるのではないかと考え、元禄五年（一六九二）に上車塚・下車塚の発掘をおこなった。

これはのちに上侍塚古墳・下侍塚古墳と呼ばれるようになった古墳である。出土した器物を模写記録し、松の木箱に納めて埋め戻し、古墳を原形に復し、墳丘には土砂の流失を防ぐために松も植えた。そのときの発掘の記録が「湯津上村車塚御修理帳」として残っている。これがわが国での古墳に関する学術的調査の始まりといわれる。

▼上侍塚古墳　栃木県大田原市湯津上にある。那須地方最大の前方後方墳である。水戸光圀の調査のおり、鏡・鉄鏃・石釧《いしくしろ》・小札・管玉・鉄刀片・土師器類などが出土した。

▼下侍塚古墳　光圀の調査のおり、鏡・鎧片・鉄刀片・土師器壺・土師器高坏・大刀柄頭《おうとうえがしら》などが発見されている。小川町那須八幡塚古墳につづく首長墓と考えられる。昭和五十年（一九七五）の周堀の調査では朱で彩色された底部穿孔《せんこう》葬送儀礼用の壷が出土した。

（二）「近代（戦前）」――抑えられた古代学の研究

1　古代の歴史から

①縄文時代のこと

日本の近代的な「考古学」は先に述べたようにモースによって発掘された大森貝塚の土器をCord Marked Pottery と報告したことに由来するといわれる。

それは矢田部良吉によって「索紋土器《さくもんどき》」と訳され、さらに後に白井光太郎が「縄紋土器」と改めた。これが後に「縄文土器」という固定した使われ方となり、かつ「縄文時代」という時代区分の名にもなっていくのである。ただしこの時代区分が一般の人にも浸透していくのははるか後の戦後になってからのことであった。

②弥生時代のこと

この時代区分の名は一八八四（明治十七）年に東京本郷弥生町の向ヶ丘貝塚（弥生町遺跡）で採集された土器がもとになって一八九〇年代に弥生式土器の名称が生まれ、この地名の「弥生」が時代区分名ともなり、この時代の文化を弥生文化と呼ぶことになった。

ところで、この東京都文京区にある「弥生町」が史跡として公式に認定されたのは戦後も一九七五（昭和五十）年になってのことで、さまざまな曲折を経て「弥生二丁目遺跡」と名づけられている。

古い時代、つまり「縄文・弥生」などという時代名がまだ定着しきっていない頃「先史時代」または「史前史」などという言い方で語っている頃もあった。これらは日本人類学の先駆者である坪井正五郎や日本初の近代的な考古学会を創設した三宅米吉、鳥居龍蔵などを筆頭にして研究活動がおこなわれている時代だった。しかし、その活動は神話を事とする当時の国策に合うものではなかったため、発展した論には展開していかなかった。

2　謎の遺跡「環状列石」とは？

学問体系の多くが「近代化」し、急激に発展・進歩を見たのが明治維新以降だったが、そうした新しい学問の流れに逆行したのが「わが国の古代史学」だった。

先に江戸時代に「古代史学の萌芽」があったことを確認した。その後、その関心の流れが明治維新期以降（近代）はどうなっていったのか確認しておきたい。

私たちは「謎の……」という語の冠された古代史関係の用語をよく見る。それはほとんどが関心を向けたり研究することが抑制されたため「放置された問題」という意味のロゴマークのような言葉と見ていいだろう。そうした語群の中に「環状列石」というのがある。

いわゆるストーンサークルと呼ばれる「環状列石の遺跡」は縄文時代の中・後期の遺跡であ

り、石を円形に配し、なかに立石をもっている例が多い。石を環状に並べる遺跡は世界中にある。日本では、長野県・静岡県を南限として主に関東、東北、北海道等から発見されている。

①北海道の小樽市忍路《おしょろ》のストーン・サークル

イギリス、ウィルシャーのエーヴェリーにあるものと形状が類似するところがあるということだが、日本のストーン・サークルが世界のなかでどのような文化の流れに置かれるのかは、「謎」つまりまだ未解決である。また日本における環状列石の特徴の一つとして、近くにそびえる大きな山との対比があるといわれている。

②秋田県特別史跡・大湯環状列石

特別史跡・大湯環状列石は、昭和六年（一九三一）秋田県鹿角市《かづのし》十和田大湯字《あざ》万座に発見された約四千年ほど前の縄文時代の石を円形に配した遺跡で、戦後になって昭和二十六年（一九五一）に改めて学術的な発掘調査がおこなわれた。日本にあるストーン・サークル史跡の代表である。

ここのストーン・サークルは県道六六号線を隔てて東側が野中堂環状列石、西側が万座環状列石の二つからなり、野中堂環状列石は直径四二メートル、万座環状列石は直径四八メートル。それぞれ、内帯・外帯とよばれる二重の円を形成している。

遺跡には石を敷き詰める「配石墓」ではないかとされる部分もあり、あるいは立石のある

「日時計状配石」などといわれ、方位とのかかわりを示している部分もある。それらを含めて祭祀のおこなわれた遺跡であるとも考えられており、造営に関しての総合的な意味についてはまだ研究段階である。

3　縄文遺跡のこと

戦後になってその様子はだいぶ変わってきたが、やはり抑えられていたために関心を向けるのも、研究するのも遅れてしまっていたのが「縄文遺跡」であるといえるだろう。

①遮光器土偶の亀ヶ岡遺跡

縄文時代と呼ばれる時代は今から約一万二〇〇〇年前頃に始まり、その後、約一万年ほどの間に展開した。そしてその間の文化を「縄文文化」と呼んでいる。土器としては世界的にも最古級であり、前期は深鉢形《ふかばちがた》が多く、中期から浅鉢や注ぎ口のついた急須のような形の注口土器、香炉や高杯、壺形、皿形など精巧で、さまざまな形が作られた。

そうした焼き物のなかに土偶が多いのも縄文時代の特徴である。なかでもちょうど雪原などでサングラスをかけているかのように見えるため、光を遮る、との意味の「遮光器《しゃこうき》土偶」という名称のものはよく知られている。この形のものは青森県つがる市木造《きづくり》の亀ヶ岡遺跡で最初に発掘されたもので、その後も主に東北の縄文時代遺跡から発掘されている。これらはすでに江戸時代末期から好事家《こうずか》の注目する物件だったが、明治になって以降、学問の世界では軽視される方向にあったため、一般の人が「縄文文化」「縄文土偶」に関心を示すのはやはり戦後になってからのことで、とりわけ一九七〇（昭和四十五）年、大阪で開催された万国博覧会のシンボル、芸術家岡本太郎作「太陽の塔」の発想が「縄文土偶」からと言われて以降、より一般化したといういきさつもあった。

②青森県の是川《これかわ》石器時代遺跡

是川石器時代遺跡は青森県八戸市大字是川にある遺跡で、是川遺跡と風張遺跡の総称である。是川遺跡内にはさらに中居・一王寺・堀田の三つの遺跡がある。遺跡が発掘されたのは大正時代後半のことだった。

当時は古代にかかわる史跡は学術的には関心を持たれず、調査は土地所有者の兄弟によっておこなわれて、中居地区の特殊泥炭層からクルミ・トチ・ナラなどの種、木製の腕輪、耳飾り、土器、石器、土偶、骨角器などが豊富に出土した。なかでも藍胎漆器《らんたいしっき》や赤漆塗《あかうるしぬ》りの木製品類など漆にかかわる出土品などは、多くの学者からも関心を持たれることになった。土器の編年史を手がけていた山内清男《やまのうちすがお》、陸軍にありながら古代史に関心を持っていた大山柏《おおやまかしわ》などがその主な人たちであった。

この遺跡は戦後の昭和三十二年（一九五七）七月一日に国の史跡指定を受け、それから五年後には出土品の六三三点が国の重要文化財に指定された。

4　語られない縄文土器の流れ

現在に及ぶ不明・「越地方」経由ルート

福島県の会津地方は古代史を考える上で重要な場所と思われる。猪苗代湖に繋がる川が流れる特に会津坂下《ばんげ》地区は只見川と合流して阿賀川となり、これが新潟県に入って阿賀野川と名を変える。この川が物流の道となった歴史は縄文時代、そして弥生時代の古い時代から連綿と続いてきたのであった。

会津坂下の地で道は二つに分岐している。その一つは越後街道で、ほぼ大川（阿賀川）に沿っており、この川を下ると阿賀野川となって日本海に達する。

会津坂下で分岐するもう一方の道は、柳津《やないづ》方面へ向かう現在の国道二五二号線である。この道は只見川に沿っており、遡ると奥へ向かうほど険しくなるのだが、その最奥部のあたりで流れはも再び分岐して、一方は北関東方面へ、一方は新潟の魚沼地区へ向かっており、ここもやはり古代の物流での別筋になっていた。

会津坂下が「古代の道の分岐点」であったことを裏付けるいくつかの縄文文化の物の交流状況を確認してみたい。

その一つに大木式土器《だいぎしきどき》がある。これは主に東北南部で出土する縄文土器のことで、東北南部から出土する縄文土器の年代を決める基準とされ、宮城県七ヶ浜町の塩釜湾を眺める高台にある大木囲貝塚《だいぎかこいかいづか》から出土した土器である。この型の土器はのちには北部まで拡がる。一〜一〇式と、縄文時代前期から中期にかけての型式に細別されている。

また深鉢型のものは、新潟県長岡市において初めて確認された火焔土器などの形態に影響を与えたとされている。つまり、すでに縄文時代の土器が阿賀野川流域で交流しあっていたということである。

火焔型土器は昭和十一年（一九三六）に新潟県長岡市の馬高遺跡で発見され、炎を上げているような形態から火焔型と呼ばれた。その後、信濃川中流域で同型の土器がたびたび出土した。この型の土器の出土例はほとんどが新潟県内に分布するが、それらを含めて東日本の二〇〇を超える遺跡で確認されている。新潟県以外では富山県・福島県・山形県・群馬県・栃木県など周辺地域にも見られ、新潟県以外では福島県に出土例が多いものである。

なおこの火焔型土器の祖形は北陸地方の新保・新崎式土器、あるいは先に述べた東北地方南部の大木式土器など、周辺地域からの複雑な影響を受けてできあがったものとされており、信濃川沿いの流域が、越地方や、みちのく、そして北関東と複雑に交流しあっていたことを物語っているのだが、このルートのことについては現在でもなお「地方の論理」であるかのように扱われている。

5　消された「古墳学」

①戦前（近代）の古墳発掘

明治新政府が発足して間もない明治七年（一八七四）、太政官布告として古墳を発掘してはならないという通達が出されている。

その理由は「上古以来御陵墓ノ所在未定ノ分即今取調中ニ付」というものであった。つまり「天皇陵を調べている最中だから」というのである。

また明治十三年（一八八〇）、明治政府は府県宛への宮内省の通達として「人民私有地内古墳等発見ノ届出方」では、偶発的な遺跡・遺物の発見時、図面の作成や地名などを宮内省に調査結果を親告することを義務化している。新政府は「古墳」に関しては、他の遺跡などと違う緊張感をもって対処していたことが窺われる。

そして明治三十二年（一八九九）には「学術技芸若ハ考古ノ資料トナルヘキ埋蔵物取扱ニ関スル件」という内務省訓令を出し、特に古墳に関する出土品は陵墓指定調査との関係から宮内省の管理となった。

これらが「山陵」（天皇陵）かどうかにかかわらず、一般の発掘禁止令に近い効果となって、古墳そのものを保護する役割を果たした一方で「古墳研究」そのものを禁じたに近い状況をも生んでいたのである。その縛りは現在に至っている。

②明治時代の古墳研究とウイリアム・ゴーランド

江戸時代の末頃から高まった国粋思想の中で「陵墓」、つまり天皇にかかわる墳墓に対する関心は「記紀」など古い文献をとおして「陵墓探索」という形で高まった。

なお「古墳」という言い方は明治以降できた言葉で、江戸時代までは「塚」と呼んでいた。ただ塚も「経塚」「一里塚」などさまざまなものが混ざったいい方で、いわゆる近代の「古墳」という概念はなかった。そのために「古墳学」そのものが曖昧なままで、新しい明治という時代になってからもその状態は大きく変わるものではなかった。

古墳そのものについてはむしろ外国から来た人の方が早くから関心を示していた。例えばイギリス東海岸サンダーランドに生まれて、造幣事業の顧問として明治五年（一八七二）に日本に招聘《しょうへい》され、明治二十一年まで滞在したウイリアム・ゴーランドは、専門分野ではないが古墳に関心を示し、大阪、奈良地方はもとより各地をまわった。イギリスへ帰国してからもなお研究を続け、イギリスでその成果を論文としてまとめている。（なお初期の紹介書での名は「ガウランド」表現であった。ここではその引用部以外は「ゴーランド」とする。）

ゴーランド

ゴーランドが古墳研究をしていたことによって危険人物視されていたことをうかがわせるエピソードがある。

皇子の墓域内で、一度、警官に捕まったことがある。私は、彼の許可なくして二度と発掘はしないことを約束させられた。日本滞在の終わりころは、重要な古墳が存在するところはどこでも、私が到着すればすぐ一人が部所につくか、あるいは、近くにいることに気づいた。

（『ガウランド　日本考古学の父』より）

日本そのものが「私の古墳研究を喜んでいない」という思い、それがいつわらざる実感だったのである。ゴーランドの帰国する前後、明治二十年あたりになると、この制約の様子がさらに明確になりはじめていた。

日本人は、神々の子孫として出現したとする。そして、大陸からの移住については、黙して何一つ語らない。初期日本人にとって、それこそ最大の出来事だったはずにもかかわらず。……日本古代の記録によれば、大和は初期における中央政府の所在地であったという。その支配者たちの首長は天皇の称号を持ち、全国をおおう最高権威を有するものとされた。しかし、これはドルメン時代前半に関する限り、議論の余地は十分ある。……これらの他地域のドルメン出土の遺物の方が、歴代朝廷があった大和圏出土の副葬品よりも、もっとすばらしい富と偉大さを示している。むろん、大和の支配者たちは、その後、これら他地域の上にも支配力を及ぼしたが、それはドルメン時代のかなりの期間が経過してのちである。……

（『ガウランド　日本古墳文化論』より）

このように彼はわが国で始まるべき「古墳学」先行きの不安について右のように明確に分析していたのである。（彼は「古墳」を「ドルメン」と表現していた。）

③活動の場をなくしてゆく新進の学者たち

右に見たようにとりわけ「古墳」の問題については「日本国家の成り立ち」という問題とのからみもあって、わが国の近代歴史学に邁進しようとしていた国内の学者でさえ古墳探訪そのものが次第に微妙な問題となっていた。

この問題は近代の歴史学が導入された明治以降だけでなくその後、戦前は歴史そのものが「大和朝廷といかにかかわるか」という視点だけですすめられていった。このため「古墳」について言えば「研究する」という発想は薄くなり「あぶない……」という思いが学者の中にできあがっていったのである。

ここでは明治初期の新進気鋭の学者たちのそうした例を二、三確認してみたい。

▼坪井正五郎　坪井は文久三年（一八六三）に江戸に生まれ、東京大学在学中の明治十七年（一八八四）に「人類学会」を創設している。明治十九年（一八八六）、栃木県足利市にある足利公園内の古墳群について、また翌年には埼玉県横見郡黒岩村、北吉見村の横穴調査などの活動をした。これはわが国での近代的発掘の最初であった。

坪井はこのとき、帝国大学理科大学（のちの東京帝国大学、現東京大学）動物学科を卒業したばかりであり、文部省より人類学修学のため満三年間のイギリス留学を命ぜられるなど、将来を嘱望された青年だった。そして英国留学後二十九歳で帝国大学理科大学教授となって人類学教室を主宰し、まだ考古学ということばもなかった時代から既に考古学的な分野での活動をしていた。

▼鳥居竜蔵　鳥居竜蔵は坪井の弟子にあたる。坪井が古墳研究から手を引くようになったことについて「明治二十一年福岡県仲津郡馬ヶ岳古墳を発掘し、宮内省から注意があったことに原因した」と考古学の雑誌『ドルメン』に書いている。

▼久米邦武　久米邦武は明治二十五年（一八九二）、「神道ハ祭天ノ古俗」という論文を発表し、このなかで神話は歴史ではないとする論を展開した。

神話を歴史として学校などで教える風潮が高まったとき、西洋の歴史学などの素養のもと、歴史は「実証主義」を正しいとして、「神話」を歴史かのように教えることは危険なことであると主張をしたのであった。しだいに高まってゆく「国史」教育での神話の部分などに対して、歴史学が恣意的な方向にもっていかれることに「疑問」を発したのである。しかし、それがもとで久米は帝国大学教授の職を追われることになった。

④戦前の「みちのく」と古墳

戦前は「東北に古墳はない」が常識だったが、実際は大正時代に坪井正五郎に学んだ鳥居龍蔵によって会津若松市丘陵頂部が「古墳であろう」とされていた。なおこの古墳はこのあと述べるように昭和三十九年（一九六四）、市史編纂と戦後の発掘ブームのなかで改めて発掘調査がおこなわれた。しかし、戦後になってもなお古墳に関しては、その地域が「大和勢力と政治的なかかわりがあったことを意味する」と考える方向は変わらなかった。私はそのことに疑問をおぼえるのである。

というのも、「古墳」が「大和王権の力の及んでいた地域」と判断すれば、初期古墳の存在する古墳時代から、すでに福島県の会津盆地の古墳、宮城県の古墳、山形県などを含めて、日本海側では新潟平野までも、さらには太平洋側では仙台平野まで当時、すでにヤマト勢力の政治的な影響が及んでいた、ということになってしまう。

しかし『日本書紀』『続日本紀』などに書かれている「大和朝廷」側と「みちのく」との争いごとは、まず『日本書紀』の、

　舒明九年（六三七）、蝦夷が叛き、入朝せず。上毛野形名を将軍として派遣

という記事に始まり、

弘仁二年（八一一）の陸奥国に和賀・稗貫・斯波の三郡を設置。文屋綿麻呂は蝦夷征伐の終了を奏上

という『続日本紀』の記事に到るまで、途中、坂上田村麻呂の蝦夷征伐のことなどをはさみながら、およそ百七十年ほどの間に波状的に繰り返され、みちのくがヤマト王権に決して屈していなかった状況が語られている。『日本書紀』にしてもこのあたりの記述になると歴史的な「資料」としての意味は増しており、ここに「常識」とされている状況に矛盾が起こる。

歴史実態で「みちのく」はつかず離れずのスタンスを持ちつつ独自の政治的な力を維持していたのだが、実質主導権を放棄することになったのは源頼朝の「征夷大将軍」の肩書きができあがったとき以降と考えていいのだろう。

前方後円墳の成立過程を論じる際にこれまで支配的であった考えかたは、大和地域の優位性を前提とし、その主導のもとに前方後円墳は誕生したとの図式をあてはめることであった。……（このような代表的な説についての要点をまとめている部分省略）……以上のように概観してみると、大和や畿内勢力の主導性を前提として議論を展開すること自体を問い直すことが、じつは最大の懸案であることに気がつく。

（北條芳隆・溝口孝司・村上恭通共著『古墳時代像を見なおす』青木書店刊・二〇〇〇年）

つまり古墳もさまざまな歴史展開のなかで各地に分布したと考える方が自然であり、「みちのく」の古墳についても同様であって、むしろ最近になって強力に戦前以上に常識化している「古墳＝大和朝廷」という図式の再検討が必要であろう。

《県別のおもな「古墳」》

ここでは、戦前から古墳ではないかと思われていたが、実際は検討もなされず、ようやく戦後古墳であると確認された「みちのくにある古墳」についていくつかを紹介したい。

青森県・蝦夷塚

縄文時代遺跡の多い青森県であるが、古墳としてはあまり数を見ない。ただ、北海道の一部と東北地方の北部に見られる蝦夷塚と呼ばれてきた「末期古墳」群で、とりわけ阿光坊古墳群・鹿島沢古墳群・丹後平古墳群などは注目される。また、丹後平古墳群の十五号墳からは朝鮮半島との直接の交流を思わせる柄頭《えがしら》（大刀の柄の先端）が出土している。

秋田県・蝦夷塚古墳群

秋田県では先に紹介した大湯ストーンサークルで知られる鹿角市、八郎潟に近い秋田市周辺、そして雄物川の上流部に当たる横手市の周辺にいくつかの「末期古墳」群が確認されている。なお横手市の蝦夷塚古墳群では勾玉や管玉が確認されている。

岩手県

北上市の江釣子古墳群のように蝦夷塚などと呼ばれたいわゆる「末期古墳」群は北の方から青森県に近い二戸市周辺、八幡平と岩手山の麓一帯、そして盛岡市周辺などにその数は多い。これらからさらに南に行って花巻市・北上市・奥州市の周辺になると円墳などの古墳も見られるようになる。また、三陸海岸の丘陵部分、宮古市周辺の古墳群も注目される。そして特筆されるのは日本最北の前方後円墳である角塚古墳が奥州市に見られることである。

▼角塚古墳　日本最北の前方後円墳で岩手県奥州市、ここは古代みちのくの「日高見国」があったであろうと想定されるまっただ中といえる。この前方後円墳は全長およそ四五メートルでさほど大形のものではないが、日本列島最北端に位置するという点で注目される。どうしてこのような前方後円墳がここにあるのか。これが築造された時代背景、あるいはこの古墳文化がどのようにこの地に伝播したのかは謎のままである。

この古墳も「前方後円墳」であって「大和朝廷」との関係で語られるのが現在の常識なのだが、大和朝廷がこの北上川の沿岸に力を発揮できたのは、ずっとあとの時代、神亀元年（七二四）の多賀城設置、延暦二十一年（八〇二）の胆沢城の設置、などに見られる奈良時代末から平安時代のはじめにかけての時代のことだった。これを考えただけでも「大和朝廷」との関係という論理でこの古墳の意味は説明できないだろう。

山形県

出羽国の南部になる山形県には、最上川という大河が流れている。その上流部は脊梁山脈の各山を水源として網の目のように分かれており、一つの県内に流れる河としては日本最大の河であるという。その上流部に当たる山形市や上山市、そして南陽市や米沢市などには石室も確認される多くの古墳がある。それればかりではなく、注目すべきことは次に見るようにこのあたりには古墳時代初期の四世紀にまでさかのぼる古墳さえも多く見受けられるということである。

▼**初期古墳の多い米沢盆地**　山形県では、主に米沢盆地の南陽市置賜地区などに初期古墳が多く分布している。内陸部であるだけに伝播ルートを考えると、その道は二つ考えられる。

その一つは、大峠による同じく初期古墳の多い「会津・喜多方」地方とのつながり、という見方。もう一つは、最上川より南で、阿賀野川より北に位置する北越地区の、胎内川と荒川の二河川のルートである。日本海沿岸の胎内市・村上市には初期の古墳が散見されるのである。

▼**稲荷森古墳**　山形県南陽市にある稲荷森《とうかもり》古墳は、全長九六メートルの前方後円墳で、東北地方では六番目の大きさ。築造は古墳時代前期とされ、かつ日本海側にある古墳としては最北に位置する「前方後円墳」である。

宮城県

仙台市内にも一〇〇メートル級の「前方後円墳」の遠見塚古墳などがあり、その北側の大崎市や加美郡あたり一帯に小円墳が多く見られる。日本海側に位置する山形県に対して、脊梁山脈を越えて、宮城県は太平洋側に位置しており、古墳の所在地はそうした沿岸地帯に多いという特徴がある。

▼東北最大の古墳・名取雷神山古墳　仙台市の南の名取市は、東北でも有数の古墳地帯である。その名取市の雷神山古墳は東北地方最大で、築造も四世紀後半頃の初期古墳である。この古墳は東北地方ではめずらしく戦前から古墳ではないかとされていたが、実質的に古墳と確認されたのは昭和二十五年（一九五〇）の測量調査以降である。

その後、昭和三十一年（一九五六）に国の史跡指定となり、さらに昭和五十一、五十二年の詳細な測量などにより墳形なども確認された。墳形は三段築造で、東北地方における最大、全長一六八メートルの「前方後円墳」であり、墳丘からは葺石・底部穿孔壷形土器などが出土した。後円部、北東側周溝に接して三段築造で、径五四メートルの陪塚とみられる円墳がある。なおこの名取市のさらに南に位置する岩沼市、白石市、角田市などにも多くの古墳群がある。

福島県

福島県は北海道、岩手県に次いで日本で三番目の県（道）域の広さである。しかし、この広い県域の多くが複雑な山塊の中にある。このため畿内文化圏から見て僻遠の地などと言われてきた。ところが東北地方六県の中で古墳の数は最も多く、しかも、浜通りでは九州の福岡県や熊本県に集中している装飾古墳と同様な装飾墳が見られ、また中通り・会津地区と縦割りされているどの地域にも古墳は満遍なく存在する。中でも県内最大の豪雪地帯といわれる山あいの会津地区が、実は四世紀にさかのぼる初期古墳の最も多い地域なのである。

▼認識を変えた会津大塚山古墳　会津大塚山古墳（国指定史跡）は会津若松市の大塚山丘陵頂部にある全長一一四メートルの前方後円墳である。先にも述べたが、この古墳は大正時代に坪井正五郎に学んだ鳥居龍蔵によって「古墳であろう」とされていた。しかし、東北地方に古墳らしきものがあっても、問題としないという論理から、そのまま放置されていた事実がある。

▼中田装飾横穴墓　国指定史跡で福島県いわき市平沼ノ内字中田にある中田装飾横穴墓は海岸線まで一・二キロ、神谷作古墳群の最南端にある。横穴墓は複室構造になっているのが特徴のドーム形で全長六・七メートル、奥室長二・六メートル、巾二・八メートル、高さ二・三メートル。天井はアーチ形、奥室の四方の壁には白と赤で連続する三角文様が三段に描かれている。前室は一回り小さく排水溝が掘られている。この横穴墓は九州地区以外では関東の千葉県、茨城県と、この福島のそれぞれ太平洋沿岸部に偏在している、という特徴が見られる。

▼その他、会津地方の初期古墳　福島県の会津地方は猪苗代湖の西に位置し、飯豊《いいで》朝日《あさひ》連峰《れんぽう》など越後山脈のただなかにあって、冬は雪深く、戦前は文化果てるところなどと呼ばれたりした。ところがこの会津地方は、阿賀川（阿賀野川）水系に沿って日本海側とを結ぶ古代からの重要なルートの要衝にあたるところだった。

いわゆる越後街道は、はるか縄文時代の昔から北陸方面や越後の地区と東北の日本海とを結ぶ文化交流の激しい地帯だった。会津はその街道のまさに重要な分岐点に位置しているのである。

この会津の地に思いがけず多くの古墳が確認され、かつそれらのほとんどが四世紀代までさかのぼる初期古墳だった。さらに特筆するべきことは、東北地方では珍しい内行花文鏡二面、直刀などが出土したことで、この内行花文鏡は三世紀末のものと推定され、古墳自体も東北で最も古いものと推定されている。

▼糠塚《ぬかづか》古墳群　喜多方市岩月町宮津字宮地にある古墳で、山形県の米沢へ抜ける峠のある国道一二一号に沿った東側に望める。この周辺にはかつて多くの古墳があったが、戦後の開発によって消滅し、現在は六世紀築造の円墳であるとされる糠塚古墳・山首《やまがしら》神社古墳・粉糠塚古墳の三基が残っているのみ。三基中の主墳は糠塚古墳で径十七メートル。

ところで、これまで糠塚古墳は円墳と思われて古墳時代の中期から後期の築造と比定されていたが、その後の調査の結果、一辺二十六メートルの方墳だとわかり、古墳時代前期までさかのぼる可能性も考えられている。

明治戊辰戦争以降、東北は「蝦夷＝未開」という形でさげすまれていた。「白河以北一山百文」と一括され、「文化果てる」といわれたこの地に古代には初期古墳があった。この事実により近代によってつくられた概念そのものが崩れ去ったといえるだろう。

会津地方の古墳の意味

昭和三十九年（一九六四）に、市史編纂と戦後の発掘ブームのなかで発掘調査がおこなわれた。その結果、古墳時代の古い形である直葬割竹型木棺の痕跡二基が確認された。出土品として倣製《ぼうせい》（日本製）三角縁神獣鏡、環頭大刀、管玉・勾玉などが出土した。これらを総合して、これも古墳時代初期にあたる四世紀後半頃の築造と考えられている。

戦後になってもしばらくは、「みちのくの古墳」は古墳としての関心の外に置かれていた。伊東信雄東北大学教授は発掘当時の会津若松市史編纂委員をしており、東北にあっても大和の古墳にくらべて時期の違いはないと主張していた人だった。

伊東博士にとって会津大塚山古墳の発掘調査は、孤軍奮闘の感があった主張を実証するまたとない機会であった。ただ、いよいよ発掘にあたって周辺の人に「東北の古墳は貧乏古墳だから掘ってもなにも出ないかもしれないが、それでもいいか」と尋ねたという。この伊東博士さえ「東北の古墳は貧乏古墳だから」と表現する気遣いが必要だったのである。

その結果は、発掘に携わった周辺の人々すべてが驚き、その後の東北の古墳に対する認識を変える出来事となったのである。これがきっかけとなって「みちのくの古墳」は見直され、これまでも古墳ではないかと言われていたものが実際に古墳であると、次々に確認されていくことになったのであった。

⑤　戦前の「あづま」と古墳
神奈川県

川崎市と横浜市の境に矢上川という川がある。この川の川崎側が夢見が崎丘陵の古墳群で、主墳が白山古墳であり、横浜側が日吉古墳群で、その主墳が観音松古墳である。

両古墳に代表されるこの矢上川の流域一帯は、広範囲にわたって、少なくとも弥生時代以来、古墳時代にわたり、古代においても相当豊かな文化の営まれていた地域だった。

この観音松古墳と白山古墳の二つはともに戦前（昭和十年代）の学術的な発掘例として珍しいものといえる。

神奈川（現横浜）と目黒とを結ぶ鉄道の工事は、大正十三年（一九二四）、現在の日吉駅あたりから始まった。これが東横線の工事の始まりだった。

このあたりの日吉台丘陵の遺跡を慶応義塾大学が緊急発掘をおこなった。また鉄道の敷設とともに周辺の開発も進み、その開発地に関東の古墳を考える上で貴重なものがあった。

▼白山古墳　現在夢見ヶ崎動物公園となっている川崎市加瀬丘陵には古墳群がある。全部で九基の円墳があったが、現存しているのは六基である。

この丘陵の西側の麓にも第六天古墳と白山古墳があり、白山古墳は丘陵上部も含めてこの古墳群の主墳で、昭和十一年（一九三六）、慶応義塾大学三田史学会が発掘調査を行ない三角縁神獣鏡が出土していることでも注目されている。その後の宅地開発で第六天古墳とともに墳形は消滅した。

▼観音松古墳　観音松古墳は横浜市港北区日吉の日吉台古墳群に属している。東急東横線の開通にともなって沿線開発の中で確認された。その後、開発で多くの古墳が消滅していったがこの観音松古墳は残っていた。しかしここに矢上小学校が建設されるにともない、墳丘は削られ、消滅した。ただそのおり昭和十三年（一九三八）、三田史学会によって調査され、多くの貴重な出土品が確認された。

千葉県

▼金鈴塚古墳

金鈴塚古墳は千葉県木更津市にある前方後円墳である。小櫃《おびつ》川によって形成された海抜約五十五メートルの沖積平野の丘陵上にある。明治時代すでに古墳であることは確認されており、二子山と呼ばれていた。墳長は約一〇〇メートルほどであるが、二重の周濠をめぐらせていてそれらを含むと一四〇メートルほどの、かなり大きな規模の古墳であった。

この古墳が発掘調査されたいきさつは、昭和七年（一九三二）に周辺の畑地に道路を通す工事中に、墳形の一部が削られ、破壊は石室の一部にまで及んだ。その際、銅製の飾履《かざりばき》が確認されている。その後も土取りで墳丘が削られるなど、古墳の改変がつづいていたが、戦後になって保存運動が高まり、昭和二十五年（一九五〇）に改めて本格的な発掘調査がおこなわれることになった。

この金鈴塚古墳の石室内部から石棺が確認され、その内部から人骨一体、石棺の奥と手前からさらに一体ずつ計三体の人骨とともに金銅製の飾履《かざりばき》（うろこのような飾りのついた金銅製の履き物）、五個の純金の鈴をはじめ、琥珀製の棗玉《なつめだま》・ガラス玉などの装身具、金銅製の冠・鏡・銅鋺・金銅製馬具・鉄矛・鉄鏃・飾大刀、大量の須恵器等が、そして石棺内からは鏡・銅鋺・甲冑・鉄鏃・飾大刀、そして金銅製の冠・耳輪やガラス玉などの装身具、石棺の脇からは金銅製馬具などが出土している。

出土品に純金の鈴があったことから古墳名が金鈴塚古墳となった。これら出土品などの特徴から六世紀末頃の築造であろうと考えられている。

これらの発掘品の多さや質の良さはまれに見るものといえる。とりわけ二十振まとまっていた飾大刀は、数からも、その豪華さからも、他の古墳に類を見ない群を抜いたものである。ただ発掘されたのが戦後まもなくのことであり、あまりこれら出土品に関心も払われない時代だからか、ほとんど話題にものぼらず、現在もなお、知る人ぞ知る程度の扱いのままである。

こうした状態であった金鈴塚古墳が、世に知られることになるであろうきっかけが訪れた。それは昭和六十年（一九八五）から昭和六十三年にかけて発掘調査された奈良県の藤ノ木古墳からの出土品との比較である。あまりにも類似するものが多かった。ただし、現実の流れは対比議論という事態にはならなかった。

藤ノ木古墳は奈良斑鳩の法隆寺近くで『日本書紀』に登場する皇子クラスの人物の名前が挙がるなど、かなりにぎやかで、それは立て続けに『藤ノ木古墳の謎』（朝日新聞社・古代騎馬文化研究会・一九八九年刊）、『藤ノ木古墳の全貌』（学生社・一九九三年刊）、『藤ノ木古墳・斑鳩に花開く東アジアの古代』（読売新聞社・一九九五年刊）などの出版が相継いだ。グラビアページにはカラー写真なども配されて、その出土品等のことで大騒ぎされた。

ところで出土品の内容において金鈴塚古墳は藤ノ木古墳をはるかに凌駕している。金鈴塚古墳で特に注目されるのは先にも述べた二十振分もの飾大刀である。ここだけで、古代の「大刀」の典型を一度にして見ることができるほどの内容なのである。これほどの事例は他の古墳にはない。文化果てるはずだった関東の地に「これはあり得ない」との「予断」で始まっている近・現代の歴史学の世界にとっては、金鈴塚古墳が存在することそのものが「幻」なのではないかと思えてしまうほどに話題にもなっていない。

（三）「現代（戦後）」――なお「虚偽」を引きずる古墳学

戦後の高度経済成長は郊外の開発を驚く早さで進めた。そのことで関東各県下に戦前には想像もされなかった考古学上重要な遺跡の発見が相次いだ。中でも古墳の新規発見がおびただしい数になったのだった。新しく文化財保護法も生まれていたので、遺跡の発見は届けを出し、勝手に破壊することが禁じられた。中には開発の勢いに負けて無届けで破壊されていった遺跡もあったようであるが、各都道府県の埋蔵文化財センターは遺跡の保存に力を入れた。

まだ戦後も高度経済成長期に入る前、奈良県大和地方にある箸墓古墳に注目する風潮が地方のこうした古墳の話題を消すことになった。

第二次大戦での広島・長崎での原爆投下、さらには多くの主要都市の爆撃による荒廃、そして敗戦。国民の生活は悲惨な状況にあった。しかし、それでも立ち上がろうとする一般国民のエネルギーはすさまじかった。そうした中にあって奈良の古代遺跡の存在は生活に明るい灯火をともす力になっていた。そして飛鳥地域にある古墳の数々は「大和飛鳥」のイメージの中で、旅行などというのはあまり考えられない時代ながら、全国の中・高校生にとって「修学旅行で行きたい」という希望の場所だった。

こうした時代背景の中で「箸墓古墳は『魏志倭人伝』に登場する卑弥呼の墓」という論調が勢いを増し、様々な議論を生みながらもいつの間にかそれは「定説化」し、それに並行して戦前の「国史」の復活を思わせる雰囲気が「わが国の古代史」分野では強力になっていっていく風潮となった。そのことは、このあとに述べる群馬県の稲荷山古墳での鉄剣の文字解読のことと平行しつつ展開するのである。そして、その説の不自然さを糊塗するために古墳時代の上限を突如四世紀から三世紀に変えたりしたのだった。

1　出土品に大陸との独自の交流を窺わせる二つの古墳

序章で「越地方」経由の文化伝播のルートについて述べたが、そのことを窺わせる古墳が群馬県に存在している。それを確認してみよう。

①群馬県高崎市の綿貫観音山古墳

綿貫観音山古墳は、昭和四十三年（一九六八）に石室が崩落していたため、その修復と共に発掘調査も行われることになった。その結果、盾・家・鶏・大刀・きぬがさ・さしば等々の埴輪と共に多くの人物埴輪群、さらに二面の銅鏡、あるいは銅製水瓶、等々の出土品が確認された。それらは東日本にも出土内容のこんなに豊かな古墳があったのだ、ということを示した驚くべき結果であった。

当然、考古学界も驚いた。とりわけ二面の鏡の内の一面は百済・武寧王陵の石室内から出土した獣帯鏡と同笵鏡（同じ鋳型で作ったもの）であることもわかり、東アジアの直接的文化交流の状況が西日本だけのものではなかった事実を示す内容だったのだ。石室は崩落はしていたものの過去に盗掘などされてはいなかったことが幸いしていた。

②群馬県高崎市の観音塚古墳

今述べたように綿貫観音山古墳より早く、昭和二十年の三月、つまり第二次世界大戦のごく末期に、同じ高崎市内に八幡観音塚古墳が見つかっていた。これは地元の人たちが防空壕を掘ることを目的に盛土のある小山を崩したところ巨大な横穴式石室が発見されたものだった。

ここからもかなりの出土品が見つかったようであるが、残念なことに戦時中のどさくさの時であり、貴重な品々は散逸し、当時の聞き書きによる記録が残るだけだった。当然のように、戦後になってもこれに関心の払われることなどなく、この古墳はほとんど放置されていたのであった。

ところが、右の綿貫観音山古墳が発掘されて以降、両方の古墳の比較ということで、こちらの古墳も俄然、脚光を浴びることになった。

この両古墳がおおいに注目されたのは、朝鮮半島の百済の古墳などと対比される出土品であったため、この関東の地が直接海外との交流をしていたのではないかという見方がなされたことによるものだった。

平成元年（一九八九）には「東アジアと古代東国――東アジアから見た観音塚・観音山古墳の系譜」というシンポジウムが開かれるほどで、出席者の中には「大和王権のとのかかわり」を述べる人もあったが、このシンポジウムには中国からの二人の学者も参加していた。北京大学歴史系考古専業を卒業し、山西考古研究所所長・教授の王克林、また圓光大学教授の全榮來の二人である。

特に王克林教授は、観音塚古墳の出土品の中のいくつかが、山西省寿陽県にある庫狄迴洛墓の出土品と共通するものであることなどを指摘し、観音塚古墳が、朝鮮半島を経由するなどして中国の北魏と北斉の文化（五世紀後半頃）とかなり密接につながっていた可能性について語ったのである。

このように、このシンポジウムの全体的な基調は「関東独自の大陸との交流」の可能性を探る、といった流れで展開していたのであった。

ところがこうした風潮は長くは続かなかった。観音塚・観音山古墳のシンポジウムのこうした基調に、考古学界は何らかの危惧を感じたのか、主となる論調はこれ以降変わりはじめていったのである。

2　深まっていかない「現行古墳学懐疑論」

①戦後になって出された「古墳学」への懐疑論のこと

先にも触れたが、明治政府は明治十三年（一八八〇）、各府県宛への宮内省の通達として「人民私有地内古墳等発見ノ届出方」を出した。これによって新発見の遺物等について図面の作成をした場合宮内省に調査結果を申告することを義務化している。とりわけ「古墳」に関しては他の遺跡などとは違う緊張感のなかで対処していたことが窺われる。

そしてさらに明治三十二年（一八九九）には「学術技芸若ハ考古ノ資料トナルヘキ埋蔵物取扱ニ関スル件」という内務省訓令を出し、特に古墳からの出土品に関しては「宮内省の管理」としたのだった。

こうした状況について戦後になって以下のような見解も出されている。

注目すべきは古墳発掘への規制が強かったことである。この意味において、天皇制による制約を最も直接に受けたのは古墳の研究であった。一八七四年に明治政府は早くも「古墳発見ノ節届出方」（太政官達五九号）を発し、古墳調査にたいする規制を実施した。歴代天皇の陵のなかに所在の不明なものがあり、その確定が済んでいないからというのが理由であった。皇陵比定事業は一八八〇年—一八八四年にかけて実施されたが、その後も発掘の制約に変わりはなく、……梅原末治は戦前のこの状況について、すでに一九三五年に、古墳が「学術上自由に発掘調査することの困難な事情におかれてゐた」と述べている。……この制約が古墳研究の大きな障害であったことを見落としてはならない。

（岩波書店『考古学講座』「日本考古学と社会」都出比呂志）

②前方後円墳の数は関東に多い

戦前、関東の古墳はほとんど関心の外に置かれていた。関東は古代史の分野では「東夷」であったから語るほどの文化をもっていなかった、というのが前提にあってのことである。

このためだろう、おそらく一般の認識は、むしろ関東にも古墳はあるの？　というのが現在の常識的な反応だと思う。ところが古墳分布の実態はまったく逆なのである。関東が前方後円墳の数で他の地域を圧倒しているという事実がある。

近藤義郎は『前方後円墳集成』の序文で「全国で前方後円墳を最もたくさんつくったのは千葉県で、その数は奈良県の約二・五倍で、そのつぎが群馬県」と述べている。これは「前方後円墳の数」という限定はあるものの、関東は全国的に見ても県別の分布数でここに出てきた千葉県、群馬県のみならず実態は茨城県、栃木県、埼玉県と軒並み上位を占めているのである。

古墳がここ数年で増えてしまったわけではない。すべて千数百年もの時間を経て今日にまで残ってきた歴史的な遺産である。

「古墳時代」あるいは「古墳」そのものをもう一度見直さないと「日本の古代」そのものの真実は見えてこないと思われる。

「初期古墳」都道府県別 記載件数
『日本古墳大辞典』東京堂出版〔第4版・平成7年・(1995)〕をもとに作製

都道府県名	記載総数	初期古墳件数	地域別件数		都道府県名	記載総数	初期古墳件数	地域別件数	
01 北海道	0	0			25 滋賀県	92	18	近畿	121
02 青森県	3	0	東北	8	26 京都府	66	9		
03 岩手県	13	0			27 大阪府	229	40		
04 宮城県	59	3			28 兵庫県	84	19		
05 秋田県	2	0			29 奈良県	204	31		
06 山形県	33	2			30 和歌山県	17	2		
07 福島県	45	3			31 鳥取県	43	7	北陸	34
08 茨城県	118	7	関東	80	32 島根県	64	8		
09 栃木県	89	9			33 岡山県	65	9		
10 群馬県	156	23			34 広島県	51	8		
11 埼玉県	96	7			35 山口県	31	2		
12 千葉県	103	6			36 徳島県	24	7	四国	24
13 東京都	29	1			37 香川県	57	11		
14 神奈川県	24	7			38 愛媛県	26	6		
15 新潟県	16	2	北陸	18	39 高知県	7	0		
16 富山県	11	1			40 福岡県	130	18	九州	38
17 石川県	38	3			41 佐賀県	43	8		
18 福井県	52	12			42 長崎県	7	0		
19 山梨県	32	5	中央	24	43 熊本県	71	6		
20 長野県	53	5			44 大分県	36	4		
21 岐阜県	60	14			45 宮崎県	26	2		
22 静岡県	62	11	東海	27	46 鹿児島県	8	0		
23 愛知県	49	4			47 沖縄県	0	0		
24 三重県	83	12			-				

【凡例】

1．上記の数字は見出しが「〇〇古墳群」でも1件としている。なお「群」中に　個体名があった場合、その名の古墳として再度カウントされている場合もある。

2．ここに言う「初期古墳」とは、築造年が①4世紀、②4～5世紀、③初期、④早期、⑤弥生時代から連続した遺跡内の「墳墓」などを抽出し、カウントした。

※この『大辞典』出版後に「古墳時代の始まり」が「3世紀中頃以降」に変わっている。

3 「大和朝廷論」回生の「金嵌銘鉄剣」

①稲荷山古墳「金嵌銘鉄剣」のこと

▼歴史学界挙げての虚像作り 埼玉県行田市の稲荷山古墳出土の「金嵌銘鉄剣」とは、一九七八（昭和五十三）年腐食の激しい鉄剣の保存処理を行う目的で奈良にある財団法人元興寺文化財研究所に持ち込まれ、さびを落としてレントゲン撮影をしているとき、金で象嵌された文字が発見された「文字資料」のことである。

時は各県単位に設置するはずの「風土記の丘」構想実践の初期で、埼玉県では古墳の集中しているこの地を候補地とした上で、前方後円墳でありながら後方部がかつて土取りされて円墳のような姿になって壊れかかっていた古墳の復元をはかりかつつ、ついでに古墳自体も調査対象とすることになり一九六八（昭和四十三）年に発掘調査され、鉄剣が発見されることになったものである。ただし、このときはまだ文字の確認には至っていなかった。

そしてその後、一九七八（昭和五十三）年、つまり発見から十年目に先の鉄剣から金象嵌文字が発見されたのであり、歴史学会は色めき立った。文字の史料となれば、文献学の出番で、古代史にかかわる学者がそれぞれこの文字の解読を始め、最終的には様々な議論がありながらも主旨としてはこれを「学問的方法により」との姿勢のもとで、何としても「東国が大和朝廷の傘下にすでにあったことにしたい」、という方向性のもとで事はすすめられていった。

それにより象嵌文字の「〇〇大王」の部分を『日本書紀』に記載されている「ワカタケル大

王」＝「雄略天皇」と読むことにして『日本書紀』からの裏付けもとれたという形のもとで〔「大和王権（朝廷）」が関東にまで支配権をのばしていた証拠〕と解釈された。この論調はまるで日を急ぐかのように増幅され、いつの間にか〔「箸墓は卑弥呼」の墓〕という論理と並行させながら、「定説」かのように展開し、現在に至っているのである。

このあたりのことについて私個人は既に『関東古墳散歩』・『東北古墳探訪』・『古墳が語る古代史の虚――呪縛された歴史学』・『解析「日本書紀」』・『日本古代史の「病理」』（以上、彩流社刊）、そして『捏造の日本古代史』（えにし書房刊）等々で見解の詳細は述べているので、ここでは気になる数件のみを簡略に述べることにする。

- 古代史を述べる際の最重要参考資料である『日本書紀』。この書名での「日本」と、近代になってからの「わが国」と呼ぶ場合の「日本」との「意味・概念の峻別」が曖昧なまま「日本論」を展開しがちであり、これによると古代と近現代とが入り交じったままの論調になりかねないのである。さてそれはどこまで意識されているか？
- 近頃、「大和」が「ヤマト」と記される方向にあるのだが、この「大和・ヤマト」表記と「倭」（倭・倭国・倭人等）表記に対して両者には「時代・地域」等々での意味変遷があるのだが、それはどこまで明確になされているか？
- 「朝廷・王権」や「王・大王と天皇」との表現においてそれぞれの「意味・概念の明確化」は深められているか？

等々は古代史を語る際の根幹に触れるものではありながら、議論が回避されたまま曖昧に過ぎ、実質上論者間の忖度が微妙に働いて、強いもの勝ち、の状況なのではないのだろうか。私は今、そんなことが気になっている。

②小田原に新発見の「前方後円墳」

二〇二二（令和四）年八月、小田原市では初の前方後円墳の確認があり、十六日に現地で説明会があった。市内での前方後円墳の確認は初めて。三世紀末ごろの築造とされ、神奈川県では初期古墳として海老名市に三世紀後半とされる秋葉山三号墳が知られているが、それに次ぐ二番目の古さの前方後円墳とみられるという。

小田原に初の前方後円墳

県内2番目の古さか　土器も発掘

前方後円墳の一部。2本の白線の中が周溝で、その右側は墳丘＝小田原市城山1丁目

出土した壺形の土器

小田原市で前方後円墳の一部が発掘され、市は16日、墳丘や周溝を報道機関に公開した。市によると、市内での前方後円墳の確認は初めて。3世紀末ごろ築造されたとし、県内では3世紀後半とされる秋葉山3号墳（海老名市）に次ぎ、2番目の古さの前方後円墳とみている。

小田原市城山1丁目の個人住宅の建設に伴う発掘調査で見つかった。敷地約120平方㍍に、墳丘を囲む幅約4㍍の周溝と墳丘の一部を確認。周囲の住宅地の地下に広がる墳丘全体の長さは約35㍍、幅は約25㍍と推定した。秋葉山3号墳の長さ約51㍍と比べ、やや小ぶりな古墳だ。

底に穴を開けた祭祀《さいし》などに使う壺の形の土器も発掘された。墳丘が戦国時代ごろ広く削られたことなどから、市は史跡に指定せず、近く埋め戻す予定だ。

前方後円墳は大和政権の支配地に広がり、3〜4世紀の東日本では前方後方墳が多かった。東海大の北條芳隆教授（考古学）は「大和政権などの流れが神奈川県西部に及んでいた可能性が注目される。早川の流域で地域に勢力を張るだけでなく、西の方で勃興した新しい政治的な動きに敏感だった人が葬られたと思う」と話した。　　（村野英一）

2022年8月17日（水）

「朝日新聞」横浜版

▼三世紀末に「大和政権」の流れが及んだ?なお右の記事に大学教授のコメントとして

「大和政権などの流れが神奈川県西部に及んでいた可能性が注目される」という趣旨のコメントが添えられている。ところで私はこのコメントに大きな違和感を覚える。

それというのも各地に見る「前方後円墳」は大和朝廷の権力の及んだ証であるといったものの言い方は、稲荷山鉄剣の発見以降の強引になされた古代学世界の方向付けによる「箸墓古墳」を「卑弥呼の墓」と断定する時代錯誤の見解である。また、ここでのコメントでも「大和政権」とあり「大和」という用字の始まった時期のことなど、意にも介さない重大な錯誤もあり、このコメントのような発想が学者間にまかり通っていること自体に疑問を覚えるのである。

二　「鎌倉史」への素朴な疑問

(一)　歴史学の忘れ物「鎌倉幕府成立前史」

鎌倉は「奈良」や「京都」とともに代表的な日本の「古都」である。歴史的な遺跡・景観に富んでいて四季おりおりにわたって多くの観光客が訪れる。

ところで私は、現在一般に語られている鎌倉幕府成立論について以前から疑問を感じてきた。

それは「神奈川県史」での鎌倉の記述に「頼朝の幕府草創まで一寒村にすぎなかった」という意味のことが書かれ、一般的な観光案内書などにも同様の記述もあり、あたかもそれが「常識」であるかのようだ。それは『吾妻鏡』の次の記事を根拠としているようである。

所は素より辺鄙にして、海人野叟《あまやそう》の外は、卜居《ぼっきょ》の類《たぐい》之を少うす。

これは「(頼朝が居を定めたところは)辺鄙で、アマや野人の他はあまり住んでいなかった」という意味である。しかし、これもよく読めば、大倉郷に頼朝が「御亭」を建てることになった周辺の様子を述べたものであって、決して鎌倉そのものをイメージして表現したものではない。頼朝は鎌倉入りするとすぐに現在の鶴岡八幡から、荏柄天神《えがらてんじん》にかけての丘陵地を、「御亭」を造る場所と定めた。当時、頼朝は住む屋敷もまだないまま鎌倉入りしていたので土地の御家人の家や民家を仮の住まいとしながら「御亭」の建設を急いでいたのである。

確かに当時その周辺はまだ「辺鄙な所」にすぎなかった。壇葛《だんかづら》と呼ばれている桜並木の八幡宮参道にしても、今でこそ人の波は絶えないが、頼朝が鎌倉入りした頃は海岸線ももっと入り込み、湿地帯だったのだ。だからこそ、そこに一段高い参道を築く必要があったのだった。確かにあのあたりに関していえば「一寒村に過ぎなかった」かもしれない。だからといって当時の鎌倉全体が「寒村だった」と決めてかかってはならない。現在の段葛を中心にして左右に迫っている丘陵と海岸線の接点あたりには「鎌倉時代」以前の遺跡はそれなりにかなりある。

こうした鎌倉そのものが「一寒村に過ぎなかった」との「常識」はどうも「東国は未開の地」とした近代の歴史学によって意図的に作られた鎌倉のイメージにすぎないのではないか。鎌倉時代以前のことは敢えて意図的に「伏され」、あるいは「消されて」きたのは何のためだったのか。それは大きな「謎」、と言わなくてはならない。

そのことを述べたくてこれまで『鎌倉史の謎』（彩流社、一九九八年）、そして『図説「鎌倉史」発見』（彩流社、二〇〇六年）なる本を上梓した。「鎌倉の歴史」と表現してはいささか私の感じている思いがずれそうなので、「鎌倉史」という表現を使ったのであるが、それから既に二十年前後の時を経過しているものの、私の思う「鎌倉史」の基本については歴史学が立ち入らないままであることは一緒であり、鎌倉にかかわる「歴史」への違和感は今もなお消えていない。まずこの冒頭では今述べた『鎌倉史』二冊の執筆意図について振り返ることから始めたい。

1　『鎌倉史の謎』のこと

歴史的な常識で言えば「鎌倉にある奈良時代遺跡」などと言えば「え？　鎌倉に奈良時代の遺跡があるの」と言われてしまうに違いない。

実は人が多く訪れる観光地「鎌倉」のほぼまっただ中に例えば奈良の長谷寺観音像と同木で彫られて海に流れ着いたといわれる観音像を本尊とする鎌倉の長谷寺がある。

この寺の創建は奈良時代、養老五（七二五）年とされている。このことはパンフレットなどで一般に知らされてはいるものの、なぜか奈良時代、とか奈良の長谷寺と同木の仏像、などということは「あまり騒ぐな」とでもいうように触れられることは少ない。鎌倉観光の視点は別の部分に設定されている。そのため多くの観光客があってそれを見ていたとしてもほとんど話題にもならない。そのことはさておきこの「長谷寺」に近いところに「奈良時代の創建」を伝える神社もある。

ここではそのことをもう少し深めてみたい。

鎌倉にある奈良時代遺跡

〈笹目ヶ谷と甘縄神社・染屋時忠の邸跡〉

鎌倉の中にあっては古い伝承を持つ甘縄神社がある。天平年中に、染屋太郎時忠が開基したと伝えられている。この近くの笹目ヶ谷にも時忠の娘の供養塔があった、という説があるとともに時忠の邸宅跡の伝承地もある。

『新編相模国風土記稿』には明治時代以前までは神仏習合していた様子を伝える「村内神明宮ノ別当、甘縄院ハ時忠ノ開基ナリ。堂内ニ位牌アリ。牌面ニ通称ヲ記シ、背ニ神亀五年戊辰十月八日、卜記セリ。」との記事がある。この記事にある位牌が残っているとすれば、かなり重要な史料になるところなのだが現在は残っていないようである。あるいは、明治初年の廃仏毀釈によって、お寺としての要素が全て廃棄された時に失われてしまったのかもしれない。

この神社からさほど遠くない海岸通りから江ノ島電鉄由比ヶ浜の駅へ行く道の途中に、時忠の屋敷跡であることを示す碑が建っている。古くはこのあたりを長者久保といっており、由比長者が住んでいたことを示す地名である。そして、由比の長者こそ染屋時忠の事なのであった。

（『鎌倉史の謎』より）

これらが語るとおりであればこのあたりは鎌倉時代よりずっと以前に開かれていた所であるということになる。

ところで、この染屋時忠という人物は奈良東大寺の初代別当良弁僧正《ろうべんそうじょう》の父親なのである。その良弁という僧侶は『続日本紀』にも登場しており、東大寺の文書である『東大寺要録』、『東大寺別当次第』、興福寺に残っている『僧綱補任』などという文書にも「少僧都良弁・相模国人、漆部氏《ぬりべ》」とか「僧正良弁・相模国人、百済学生」等と出てくる。

また東大寺のできるいきさつから鎌倉時代に至るまでの東大寺の歴史が綴られている『東大寺縁起絵詞』があり、この奥付に「応永九年（一四〇二）書写」、その元とした本は「建武四年（一三三五）」とある。この『東大寺縁起絵詞』では具体的に良弁が相模国大隅《おおすみ》（一般には大住と書かれる）郡の漆窪《うるしくぼ》の出身であることまで語っている。

この『東大寺縁起絵詞』とは題名から受ける印象は説話から起こした「絵巻物」という感じなのだが、実際は絵の部分はなく東大寺の歴史が綴られており、おそらく東大寺にかかわるさまざまな資料を参考にしてまとめられたものと思われる。

その中で良弁について、

花厳《ケゴン》（華厳宗）ノ良弁僧正ハ、相模国大隅郡漆窪ト云フ所ノ漆部氏ノ人也。……持統天皇治三年己丑誕生ス。嬰児ノ時、金色ノ鷲、取テ雲ヲ凌《シノギ》テ西ヲ指シテ飛ビ去キ。当寺、昔深山ナリシ時、彼鷲大ナル杉ノウツロナル中ニ、其子ヲ置テ養フ。年月ヲ経タル程ニ、良人ト成テ木ノ下、草庵ヲ結テ住ス。其名ヲ金鷲仙人ト云フ。…又鷲ニ養ハレタ故ニ、諸ノ鳥類ノ囀リヲ聞キ知テ、鳥ト物ヲ語リ云フ。此故ニ其名ヲ良弁ト名ケ給ヒケル。（句読点は筆者）

と紹介している。

これらの文書でわかるとおり「良弁」とは東大寺の創建にかかわった僧侶で、僧正という高い位にまでなった。そして、出身地が「相模国大隅郡漆窪ト云フ所ノ漆部氏」と書かれている。こうした説を受けるかのように相模大山の阿夫利《あふり》神社（旧神仏習合の石尊権現《せきそんごんげん》）及びその別当寺であった大山寺の創建にかかわってこの良弁の名が伝わっている。そして神奈川県下及び関東の各地にもそのゆかりの史跡が残っている。

私は染屋時忠のことや良弁と相模国、そして鎌倉の地でこのことがほとんど話題にもならないことは何なのだろうと思いつつまとめた本が『鎌倉史の謎』であった。

2 『図説「鎌倉史」発見』のこと

またもう一件、先の「甘縄神社・染屋時忠」の奈良時代より多少くだるが「頼朝が立ち上がるのを支えた文覚」という僧侶がやはり「鎌倉史」からほとんどはずされている事実が気になっていた。

この拙著『図説「鎌倉史」発見』とは第Ⅰ部を「頼朝と文覚」の鎌倉、そして第Ⅱ部は「鎌倉の中の奈良時代」として先に述べた「甘縄神社・染屋時忠」ともう一人「良弁」に注目した。第三部はそれらの続編の思いで「歩いて巡る」ことをコンセプトに写真や地図を多く入れ一般の史跡案内書ではほとんど触れることのない史跡巡りを意図したものである。

以下は『図説「鎌倉史」発見』の「はじめに」の一部分である。

鎌倉史から消えた二人の人物

古都鎌倉の歴史を語るにあたって本来欠かすことのできない人物であり、かつてはだれでもが知っていた名なのに、なぜか明治時代以降、その名を聞かなくなってしまった人物がいる。そんな視点に立って、主に二人の人物に注目した。

「文覚上人」て、だれ？

源頼朝が旗挙げするのを背後で支えていた僧侶で、京都に生まれ育った人である。そして、あるきっかけから、伊豆に流され、そして同じく伊豆に流されていた頼朝に注目し、説得し、旗挙げさせた。ところが、この人物についてはなぜか、現在、あまり語られることがない。そこで、「鎌倉史」再発見のために、「頼朝と文覚による幕府草創期」に注目してみることにした。

(『図説「鎌倉史」発見』より)

実はこのたびのこの本は、現在知られている「源平譚《げんぺいたん》」がおおくの欠落部分を持っており、様々な古代史の実体とほぼ同じ理由によって「歴史から消された」のではないかとの思いのもとで、改めて「みちのく」の問題がいかに重要なのかについても注目しながら語った。

(二)『頼朝会雑誌』のこと

1 「鎌倉以降の武門専権弊害」論

鎌倉幕府はどうして現在のこの地に開かれることになったのだろうか。そしてまた近代の歴史学はなぜ鎌倉を「一寒村に過ぎなかった」、などというキャンペーンをはる必要があったのだろうか。いずれにしても「鎌倉史」の中味は重要な部分が抜けているのにその究明は遅滞している。どうしてなのか。

こんな素朴な疑問を持ち始めてあるとき文覚上人という僧侶に、まったくの偶然、出合うことになり、この人物に関心を持って調べを進めることになった。そして次第に私はその謎が解けてくるような気がした。

実は「文覚」という僧侶の存在が、現在の「鎌倉史」ではほとんど問題にされていないという事実に気づいた。これは一体どうしてなのだろう。この問いかけが私の「文覚探訪」の始まりで、その後に『文覚上人一代記』（青蛙房、一九八五年）や『文覚上人の軌跡』（彩流社、一九九三年）、『文覚上人と大威徳寺』（彩流社、二〇〇八年）などの本を出すきっかけとなっていったのであった。

文覚という人物は、少なくとも明治の二十年頃までは、歌舞伎などでももてはやされて、一般的にはよく知られた人だった。それが明治の中・末頃以降、そして昭和にはいり戦争色が深まるにつれ、「まず知っている人はない」という状況になってしまい、それが戦後の今日に至っているのである。

そうなってしまった理由は「鎌倉幕府」や「源頼朝」などを戦前には「国史」の上の汚点、と判断する風潮が広まっていた事実にあった。とりわけ昭和に入ってからその「鎌倉幕府嫌い」の勢いは急進的に展開した。そのことの理由を私に教えてくれたのが戦前に発行されていた『頼朝会雑誌』という雑誌であった。

頼朝は皇国をないがしろにして武家による政治を始めた張本人であり、かつその政治の中心となった鎌倉幕府というのも、「純粋であるべき皇国の恥部である」とする考えが高まっていったのだった。頼朝がそうであるとすれば、それを教唆した「文覚」なる人物は「とんでもない国賊」の扱いとなってしまうのもしかたはなく、もはや正面からこの人物の実在したという事実さえも語る状況はなくなって行くことになったのだった。

明治新政府は国家建設の重要な方向性として、「国家の成り立ち」を語るため太政官に修史を司る部署を設けた。かつて藤原不比等がその完成を見とどけた『日本書紀』編纂。そのことに相当する近代での修史活動で、明治二年（一八六九）、明治天皇の発した「修史の詔」において史局設置の意図について次のように述べている。

修史ハ万世不朽ノ大典……鎌倉已降武門専権ノ弊ヲ革除シ、政務ヲ振興セリ、故ニ史局ヲ開キ祖宗ノ芳躅ヲ継キ、大ニ文教ヲ天下ニ施サント欲シ……。

明治二年（一八六九）の「修史の詔」にある「鎌倉以降の武門専権の弊害」というものの考え方がここに示され、これは昭和十年代以降国粋主義的な風潮の高まりとともにさらに強くなった。「皇国にとっては恥ずべき時代」という見方で、武士が政治の中心にあった時代としての「鎌倉」は日本史の中で排撃される状況も生まれていた。

武家社会を創建した最初の人物であった源頼朝も嫌われ、鎌倉時代を研究するその活動さえ危険なことになっていった。このことによって現在なお「鎌倉時代」の研究は停滞しているといえる（『鎌倉史の謎』相原精次著、彩流社）。

そうした風潮は、明治の中・後半期から徐々に始まり、昭和に入って極まった。これは日本のある政治状況の深まり具合と平行していたといえる。

2　『頼朝会雑誌』とは？

『頼朝会雑誌』は昭和五年から始まって二十巻まで刊行された。これは日本において思想統一が非常な勢いで進んで行った時代と重なっている。

「武家政治なるものを創始した頼朝という人間はけしからん人物である」という時代の風潮は、頼朝の創始した武家による政治形態や「鎌倉時代」そのものをも否定さえしかねない勢いにまでなっていった。こんな風潮を憂えた人々があり「頼朝会」なるものが出来たのである。その活動の一環として『頼朝会雑誌』は刊行されたのだった。発刊の辞に、

頼朝に対する世評の多くが私情に駆られて、未だ厳正公平なるものあるを聞かざるは、

吾等の最も取らざる所なり。

とある。ここに雑誌発刊を計画した人々の万感がこめられている。また序文には、

頼朝は日本の国土を私した者であるという議論があるが、むしろ皇室の危機を救った天下国家の大功臣である。

と述べている。ここに当時の世評の頼朝に対する風当りをやわらげようとした思いが読み取れる。雑誌は、様々な角度から「頼朝の意義」と「鎌倉時代の持つ意味」を語り続けた。しかし、その頼朝を擁護する側にしても、その頼朝は「当時の国体論に合った人物であった」という方向から強調するのがせめての弁護内容であるにすぎなかった。当時の時代相を考えると、このような運動が必要なほど世の中は思想的に偏狭なものになっていたのである。

その後、頼朝会は歴史地理学会に吸収されて消滅して行った。機関誌の最終号は十九、二十巻を合わせた形となり昭和十二年十二月の出版だった。

これによってそれまで以上に当時「国史」の上で「汚点」ともいえる「鎌倉時代」を研究のテーマとすることは歴史家にとって「あぶない」ことであり、歴史学者にしても鎌倉幕府については当り障りなく、無難に通り過ぎるべきことになっていった様子をうかがい知ることができる。

まして、「大和朝廷」という発想のみから見る国史の古代史では「東国は未開、みちのくは

野蛮」との、ものの見方が固定して、関東や東北に及ぶ歴史分析を加えての「幕府成立の背景を研究する」などということはもはや「絶対」に避けるべき状況になっていたと考えられる。ましてや「『万葉集』の大伴家持」と「源頼朝」を、同一の線上に乗せるなどということはあり得ないことだった。心ある歴史家たちも承知しながらそうした圧力の前に黙ったのだった。

では、戦後になってこの部分は反省され、改まったのだろうか。私はこれにおいても暗いものを感じざるを得ない。「鎌倉と文覚上人」に出会ったのが一九八〇年頃であり、そして現在まで四十年余。今これは様々な縛りが解けた「戦後」つまり、一九四五年を起点にしてみてもあと数年で八十年になろうとしている今日なのである。ところが観光シーズンには「鎌倉は欠かせないね」という声を聞きつつも、先に見たように〝歴史学の忘れ物「鎌倉幕府成立前史」〟は、いまなお多くの部分で歴史検証が停滞したまま放置されていると私は思っている。

三　『平家物語・源平盛衰記』源平譚《たん》の読み直し

（一）『平家物語』

「巻第五」に躍動する「文覚」

一般に流布している『平家物語』（覚一系）は「巻第一～巻第十二」とあり、その巻の末に

「潅頂の巻」を加わえて総計十三の巻からなっている。そしてその各巻の内に話題ごとの「小見出し」が一つの巻ごとに平均八編前後あって、総数は百九十段ほどになる。

この「段につけられた小見出し」には時々個人名が出ることがある。例えば「維盛都落」「忠度最期」「敦盛」など。

ただし、『平家物語』では最重要なはずの人物「平清盛、源頼朝、源義経」の三人について確認すると、「清盛」については「入道死去」の形で「入道」とは清盛のことで、一度。「頼朝」についても「義経」についても同様に名前そのものでなく「征夷大将軍院宣」とか、「判官都落」の役職名の形で、それぞれ一度見るだけである。

こうした一般論とは別に例外とみられる人物が一人いる。

それは巻第五の「文覚荒行」「文覚勧進帳」「文覚被流《ながされ》」と「小見出し」に文覚という僧侶の名が重なっているのを目にする。ところでこれは同じ「巻第五」の中に集中していて、ここには「伊豆院宣」があり、これも「文覚と伊豆院宣」としてもいいほどの内容であって、つまり、まるで「巻第五」そのものが「文覚」のために設置されたかのような内容なのである。これは明らかに特異な事実と言えそうである。これについては別表（次頁）を参照願いたい。

この異例さを分析的に検討して改めて箇条書きしてみると、以下のようになる。
① 平氏にも源氏にも直接かかわりのない一人の僧侶「文覚」。
② 「小見出し」での個人名は多くない中で、一つの「巻」自体があたかも「文覚」一人物のためにあるかのように集中している。

③「文覚」はさらに最末尾「潅頂巻」の前の「巻第十二」での中心人物「六代」に絡む役割として再度登場しており、ここでも実質文覚が主人公かのように語られている。

④この文覚とは「流人頼朝を目覚めさせた僧侶」として歴史転換のきっかけになる人物である。

これら四点をあわせ見ると「文覚」という人物は『平家物語』で特別な存在として語られていたことが見えてくる。現に「平曲」で「文覚」ものは初心者の練習曲目にもあり、この平曲を越えて様々な伝承も発生していて、当時は「歴史的に注目されつつ語られている異例な扱い」の人物だったことがわかるのである。

ではこの「文覚」について『平家物語』の「増補系」と見られている『源平盛衰記』の方ではどうなっているだろう。その件も以下の表をご覧いただきたい。

●『平家物語』『源平盛衰記』での各巻内「小見出し」中の「文覚・頼朝・義経」の名の頻度表頻度表

日本古典全集刊行会刊　日本古典文学全集第一回　**平家物語**（嵯峨本系）上・下刊より	
巻第五	文覚荒行〈文覚〉勧進帳　文覚被流〈文覚〉伊豆院宣
巻第八	征夷大将軍院宣　＊「征夷大将軍＝頼朝」
巻第十二	判官都落　＊「判官＝義経」

内閣文庫蔵　慶長古活字本系　**源平盛衰記**（国民文庫）より	
和（わ）巻第十三	頼朝施行の事

曾（そ） 巻第十八	文覚、頼朝に謀反を勧め進らす事　文覚 頼朝対面　文覚高尾勧進 文覚流罪の事　文覚清水の状天神の金の事 〈文覚〉龍神三種の心守る事
禰（ね） 巻第二十	佐殿大場勢汰への事　兵衛佐殿臥木に隠る　＊「佐殿・兵衛佐殿＝頼朝」
津（つ） 巻第十九	文覚発心　文覚 頼朝対面　文覚入定京上りの事
羅（ら） 巻第二十二	佐殿三浦に漕ぎ合ふ事
牟（む） 巻第二十三	義経軍陣に来る事　頼朝鎌倉入り勧賞
宇（う） 巻第二十四	頼朝廻文
於（お） 巻第二十七	頼朝追討の廳宣
倶（く） 巻第二十八	頼朝 義仲中悪しき事
估（こ） 巻第三十三	頼朝征夷将軍の宣
榎（え） 巻第三十四	範頼 義経上洛　附 頼朝山門に牒状を遣はす事
帝（て） 巻第三十五	範頼 義経京入りの事　義経院参の事
阿（あ） 巻第三十六	義経三草山に向ふ事　竝 義経鵯越に赴く事
佐（さ） 巻第三十七	義経鵯越を落とす
遊（ゆ） 巻第三十九	頼朝重衡對面の事
彌（み） 巻第四十	頼朝正四位下に叙す　附 頼朝関東下向の事　義経関東下向 義経拝賀御禊供奉　附 頼朝状々奏聞の事　義経院参西国発向
資（し） 巻第四十二	義経纜を解き四国に渡る
繪（え） 巻第四十三	竝 義経上洛の事
日（ひ） 巻第四十四	竝 頼朝二位に叙する事　附 時忠義経を聟とする事 頼朝 義経中悪し

裳（も）	巻第四十五	附 大臣頼朝問答の事　附 義経伊予守に任する事
施（せ）	巻第四十六	頼朝 義経中違ひの事　竝 義経庁の下文を申す 義経行家郡を出づ　竝 義経始終の有様の事
巣（す）	巻第四十七	文覚関東下向の事

＊「附」・「竝」はこれとは別に「小見出し」がある場合に附されている。

（二）『源平盛衰記』の特徴

1　『源平盛衰記』の文覚

さて、『源平盛衰記』とはどのような本なのかをまず確認しておきたい。

同類の（平家物語）延慶本などと比べて、なお七十余の説話・異説の増補があり、全般に、話の劇的構成、暴露趣味、解説癖、教訓臭などが目につく。つまり本書は網羅的で、大衆受けのする読物風に《平家物語》を再構成したものであるが、饒舌にすぎて統一性に欠ける点もある。他方、史実に忠実な側面もあり、徳川光圀は修史のための史料として本書を選び、《参考源平盛衰記》（一六八九）を編ませている。

（平凡社「世界大百科事典」より）

ここにある「七十余の説話・異説の増補」というのは、主流の「源氏と平氏による様々な興亡の記録」という本質とどのような関係があるのだろうか。例えば「幽王褒姒烽火《ゆうおうほうじのろし》の事」（中国の紀元前西周最後の王のエピソード）や、「笠島道祖神の事」（みちのく名取郡笠島道祖神の前で平安貴族実方《さねかた》中将が落馬して命を落とす話）等々、「源平合戦には無関係と思われる挿話」が入っているのである。こうした一見無関係な挿話は『平家物語』にはなく、『源平盛衰記』独特の編集になっている。

このことについて右に引用した「世界大百科事典」の解説は「説話・異説の増補……饒舌にすぎて統一性に欠ける」と表現しているのだが、私はこの挿入は「饒舌にすぎて統一性に欠ける」どころか、これらによって『源平盛衰記』作者・編者の計算し尽くした意図が忍ばせてある、と思っている。

例えば、挿話「笠島道祖神の事」について言えば、「文覚上人」と「みちのく」「黄金の地探索」など重要な「かたり事」を伝えている「源平譚」での最重要なエピソード部分なのである。それについてはこのあと第一章の（一）〔「あづま・みちのく」に憧れた平安貴族〕のところで詳細に検討しようと思う。

「源平譚」中最重要人物としての文覚

実は『源平盛衰記』での「文覚」の名は「曾（そ）・巻第十八、「津（つ）・巻第十九」「巣（す）・巻第四十七」などの巻々ではそれぞれに複数の「小見出し」に登場しており、その数は

『平家物語』での比ではない。さらに小見出しでは「頼朝、義経」がおどろくほど多くなっている。表〔『平家物語』『源平盛衰記』での各巻内「小見出し」中の「文覚・頼朝・義経」の名頻度表〕（81頁）を参照願いたい。

2　『源平盛衰記』の特徴

一般に『源平盛衰記』とは『平家物語』の「数多い異本の一つ」「増補系諸本の一種」などと言われている。構成は『平家物語』と同様に「祇園精舎者の鐘の声」に始まり、最終が「巻第四十七」まで。ただし『平家物語』の「灌頂巻」にあたる特別編の「建礼門院」のことを語る「巻第四十八」が加わっている。

こういった説明のみで済ませてしまうと、単に〔『平家物語』の「数多い異本の一つ」とか、「増補系諸本の一種」〕という印象は否めない。それは単に巻数が「十二」から「四十八」に一気に増えているということだけなのだろうか。しかし、各巻は次に述べるように「巻第一、巻第二、……」という順番を示す数字で表現するのとは違う言い方も示されているのである。

①『源平盛衰記』・「巻」の名と「い・ろ・は……」

『源平盛衰記』は「巻第一」を「以《い》」、「巻第二」を「呂《ろ》」、「巻第三」を「波《は》」、として「いろは歌」の順に以下、最末が「裳《も》・巻第四十五」、「施《せ》・巻第四十六」、「巣《す》・巻第四十七」となり、

『平家物語』での外づけとしての「潅頂巻」にあたる部分だけがただ「巻第四十八」と仮名のない「巻」となっている。

この「い・ろ・は……」で巻をいうのは後世では、江戸中期の浄瑠璃『仮名手本　忠臣蔵』で主君の仇を討つ赤穂義士「四十七人」になぞらえながら題名に添えて「仮名手本」という言い方に取り入れている。ところで『源平盛衰記』で巻の名に「い・ろ・は……」を置いている一種のいたずらに見えるこの部分だが、これには『平家物語』とは違ったモチーフが働いているのではないか。

それは『源平盛衰記』のこの姿勢の中に「語り物」ではなく「読み物」としての意図があって出発しているという編纂自体の基本的な主張の表れなのであると私は思う。それは単に『平家物語』の亜流として増幅していったものとは違う意識であって、意図的に「編集する際のモチーフ」がこめられていると考えるのである。

ではその「編集する際のモチーフ」とはどういうことなのか。私は『平家物語』での「文覚」の扱いはまだ「不徹底」という印象だが、一方、『源平盛衰記』の方はそのことに飽きたらず、その欠けたものを追究した上で、改めて「文覚」を鮮明にし、歴史として記述したという印象が強い、と考えるのである。

②『源平盛衰記』編纂時に「歴史書」の意識

では『源平盛衰記』のモチーフとはどういうことなのか。中央政権は東国、及びさらにそれより以北の地域に「道の奥」、「未知の国」との名を付け、そこには「化外《けがい》」との思いを抱きながらも実質は手を焼いていた歴史があったのだが、ようやく平安時代を経てその「化外」意識の終息を迎えようとしていた。

これは単に為政者側だけの思いではなく一般庶民も、「未知」とは言っていられない、などと生活を通して実感されはじめていたことで、ここに展開し始めていたことは『平家物語』ではまだ表現し切れていない。その足りない部分を『源平盛衰記』は「物語」ではなく「歴史書」としての意識の持てる「文字立てで編もう」、ということだったのではないか。

例えばこのことの具体的な内容を『源平盛衰記』そのもので確認してみると、新しい時代、といった思いをあらわしていることについて先ほど〔巻の名に「い・ろ・は……」を置いている一種のいたずら〕とつい表現してしまったことでもあるが、それは言い換えなければならないだろう。この「い・ろ・は……」は平安時代を経て庶民の間に「私たち、自分たち、の表現」としての「以・呂・波……裳・施・巣」があるように、いよいよ一般人にも文字表現が出来るようになった、という喜びで、作者側としては「自分たちの歴史書」としての『源平盛衰記』の編纂だったのではないか、と考えるのである。

ところで先に引用した「世界大百科事典」に、

全般に、話の劇的構成、暴露趣味、解説癖、教訓臭などが目につく。つまり本書は網羅的で、大衆受けのする読物風に《平家物語》を再構成したものであるが、饒舌にすぎて統一性に欠ける点もある。

とあった「大衆受けのする読み物風」という評価や、一般に『平家物語』に比して「統一性に欠ける」といっている部分は、ある意図に沿った「近代の歴史学者」のものの言い方なのであって、むしろこれは「事典」の筆者自身が〔徳川光圀は修史のための史料として《参考源平盛衰記》を編ませている。〕と付け加えていたこの視点での分析の方が重要なのではないか。

それというのもまだ「近代的な歴史学」としてのノウハウもない時代、単に物語の書ではない『源平盛衰記』で、一見無関係そうな挿話のことをも含めて巻の名に「い・ろ・は……」を置いているこのことが、私たちが思う以上に当時なりの「歴史学」としての「自覚」と「成果」だったのではないか。そのことの意味を光圀はしっかり分析し、知っていたということなのではないか。

そしてその「歴史の記述である」という『源平盛衰記』編纂者の心意気の象徴が私は、改めて強調された「文覚」という人物の明確化だったのであると考えるのである。

③『源平盛衰記』の現代的意味

▼「大和朝廷」のこと　戦前に使われていた「大和朝廷」の表現、この使い方の学者達の不用意さ、そしてその不用意さが原因となって主に「古代史」の部分を大きく規定しながら「国史」が語られた事実がある。そこに何が起こっていたか。まず一点、「大和」という「用語・

言い方・その意味」がどの時代のどの地域を指すのか等の概念について、近代の「国史」は不用意に「わが国」の代名詞のようにこの「大和国」を使ってきた。その上にそのことと関連して「わが国」を「神の国」と喧伝し、「わが大和国の神話」を教育に取り入れた。

ここで確認しておかなければならないのは、七、八世紀頃の「わがヤマトの国＝日本」、あるいは『日本書紀』の「日本」は決して近代国家の「日本国」と同列に語ってはならないものであるということである。ところが、十九世紀に近代国家として出発したわが国とは「『古事記』『日本書紀』が語っている神話の国」のことであると喧伝し、国民にそれを「国史」として教え込んだのだった。

しかしそれが無理なことであることを当の『日本書紀』そのものが語っている。例えば「神話」の部分をとっても「別々の国々のそれぞれ別の伝承の集積」であることを「一書曰く」という形にして数々示している事実があるということや、各「天皇紀」でもその内容をよく吟味すると、「神話」部分以降は葛城系、蘇我系、男大迹王系の系譜が使われているのに「万世一系」としての天皇名の形にしている。つまり、『日本書紀』そのものが、四、五、六世紀頃のヤマト平野の勢力分布図の反映した編纂物であることがわかるのである。これについては『日本古代史の「病理」』（彩流社、二〇二〇）を参照願いたい。

言い方をかえると、八世紀成立の『日本書紀』での「日本」とは現在の「畿内」という地域とほぼ同じ地域で、七世紀に成立した用語である。その『日本書紀』とは最終編纂時、その

「畿内」に存在していた国々（王権）の記録伝承等を下地にして、七、八世紀当時の時代の流れの中で一見「万世一系」の形にして最終的にまとめたものであった。

これを資料とする際、現代人が留意するべきことはここに語られている内容を予断せず、まずあるがままに読んだ上に忖度なしで分析、解明することが必要なのだが、わが国の近代は「忖度なしの解明」をするのではなく、書かれている内容の矛盾や疑問点の解明を放置したまま、近・現代の政策に都合よく解釈を進め、都合よく利用したのだった。

またもう一点、近・現代においては『日本書紀』が「わが日本国の古代史」の本であるかのような理解が一般的になっているように思う。私たちは『日本書紀』が「六、七、八世紀頃の日本」つまりそれは「畿内地方の政治状況」の資料なのであることを冷静に見る必要がある。

この「わが国、日本」という言い方にいささかこだわった理由は、近代が「国史」として学校教育を始めとして国民に信じさせた「歴史」によって国の方向を戦争に向かわせるために利用された事実を思うからである。それ自体は過去のことではあるが、そこに出来上がってしまった「古代史の歪み」は「戦後」、しかもそれも間もなく八十年になんなんとしている「現在になお、隠然と影を落としている」という事実があるのである。

（三）「鎌倉史」検討の意味について

「鎌倉史」に欠落していた「みちのく」の視点

私は文覚上人の存在に「示唆」を受けながら「みちのくの歴史」に関心を持ったのだった。文覚上人が、あるいは頼朝が、「みちのく」とどのような接点を持ったのか。そして、そのことによって「鎌倉幕府」の創建をどのように果したのか。またなぜそのことが現在「日本史編年の中で語ることが避けられる」のかを私はここ四十年ほどをかけて考えてきた。

文覚上人について本論に入る前に、一つ付け加えておきたいことがある。この文覚という人物に関心を持つことになって以来、「鎌倉史そのものに謎めいたものがある」そんなことを感じるようになった。

その「謎」とは何か。

① どうして鎌倉幕府が東国に生まれたのか。

② 鎌倉幕府成立に至るまでのプロセスはどのようなものであったのか。

これら「鎌倉史の本質」にかかわる部分の検討が、戦前以来、今日に至るまで、放置されたままであるのではないか、ということなのである。

この「文覚」という人物が現在の日本史からはじかれているその状況が、今述べた「鎌倉幕府の成立にかかわる歴史的な背景の要点を語ることが避けられている」ということを象徴的に示しているのである。このことは「みちのく」にかかわる歴史が、日本史の中で疎んじられていることとも重なっている。

第一章　鎌倉幕府成立前史――古代史と「あづま・みちのく」

一　古代人の見た「あづま・みちのく」

1　三陸海岸沿いの黄金遺跡

平成二十三年（二〇一一）三月十一日の「東日本大震災」で津波によって大被害を受けた地域はみちのくの「黄金地帯」でもあった。この地域には古墳も散見される。この地の黄金が奈良・平安・鎌倉時代……と、わが国の文化を支えてきたのだった。

東大寺の大仏を鍍金するための金が採れたとされる宮城県遠田郡涌谷町黄金迫の黄金山神社などは古代の話だが、近代の日清・日露の戦争から現代史にまで影響を与え続けてきた釜石に代表される三陸海岸周辺のあたりには鉄、黄金など鉱物資源が豊富だった。

慈覚大師円仁が瑞巌寺を建てたのも、伊達政宗がそれを大切に守ったのも、これらの地下資源の利権確保が寺社と大きくかかわっていたからであった。

また、作家井上ひさしが書いた『吉里吉里人』はフィクションの国の話であり、そのなかに鉄の精錬に関心を持つ先生が登場する。全体が架空話の仕立てなのだが、この「吉里吉里」の地名は実際に存在している。小説が設定していたところとはすこし離れるが、東日本大震災の津波によって、多大な被害を受けた上閉伊郡大槌町吉里吉里で、これがかつては村の名であった。その地の山田線には吉里吉里駅も存在する。

この変わった地名にある「キリキリ」は『真言秘密両部神法　加持祈祷奥伝』の「軍荼利《ぐんだり》明王の美増力　並《ならびに》鉱物透視秘法」という項目に記事もある。「グンダリ（軍荼利）吉利吉利明王の異名あり」とあって、「鉱物資源など伏蔵の場所を知るための祈祷法」と書かれている。ここでは「吉利吉利」と「里」が「利」の違いはあるが、「吉利吉利明王」は真言密教における「鉱物資源探査」の神の名であり、軍荼利明王だったのである。まさに周辺は釜石をはじめとした鉱物資源の宝庫であり、「大槌」という地名の「槌《つち》」とは岩を砕く道具のことで、鉱物資源や金属の精錬にかかわる地名なのである。

「伝説・説話」などにある「打ち出の小槌」の話は、この地方にも伝えられている。また「小槌神社」があって、縁起譚に慈覚大師の名が残るなど、古い時代の鉱物資源にかかわる話と「僧侶・法師」との関係を伝えているのである。

この大槌町ばかりではなく、ここに近い宮城県から岩手県にかけての太平洋沿岸地区（三陸地帯）には多くの金山がある。例えば宮城県気仙沼市に鹿折金山がある。ここは奥州藤原氏の黄金文化を支えたといわれる金山で、非常に金の含有量が高かったという。一九六〇年代に閉山するまで採掘されていた。

あるいは大谷金山は宮城県気仙沼市にある金山で、採掘の歴史は「前九年の役」以前にさかのぼると考えられており、鹿折金山同様、平泉の黄金文化を支えたとされている。

ここ大谷金山は一九七六（昭和五十一）年まで稼働していた。この金山のある田束山《たばしねやま》は藤原秀衡が深く信仰した山で、山頂に羽黒山清水寺、中腹に田束山寂光寺、北嶺に幌羽山金峰寺など、七堂伽藍があり、七十余坊を造営した。これらの寺は、三陸海岸沿いの黄金を羽黒の修験道が管理していたことを示している。

2　黄金の国「ジパング」

多くの金山を擁して、開花した平泉の黄金文化が、マルコ・ポーロの『東方見聞録』によって遠くヨーロッパに紹介され、それがもとになって、のちの大航海時代の新大陸発見につながっていく。

『東方見聞録』はイタリアの旅行家マルコ・ポーロが一二七一年から一二八五年にかけてシルクロードを通って、遠くアジア諸国をめぐり、見聞した内容を、聞き書き採録したものである。その『東方見聞録』によって日本が黄金文化豊かな「ジパング島」として遠くヨーロッパに伝えられたのであった。

マルコ・ポーロ自身は、日本にやってきてはいないが、中国などで聞いた「日本像」について、この国ではいたる所に黄金が見つかるものだから、国人は誰でも莫大な黄金を所有している。……この国王の一大宮殿は、それこそ純金ずくめでできているのですぞ。われわれヨーロッパ人が家屋や教会堂の屋根を鉛板でふくように、この宮殿の屋根はすべてが純金でふかれている。（平凡社「東洋文庫」愛宕松男訳注・一九九〇年刷より）

としている。これは決して大げさに伝えられたことではなく、現実に日本から行った遣唐使の滞在費用などはほとんど砂金で支払われ、平泉中尊寺の金色堂内の内陣、外陣を飾る蒔絵や螺鈿などと同様な工芸品もかなり中国大陸にわたっていた。これらを通して当時の中国人が日本にいだいた見方があり、それをマルコ・ポーロが聞いたことをほとんどそのまま伝えたものと見られている。

3　鉱物資源眠る「みちのく」の山々

みちのくには古くから、地元の傑出した大きな山を、神の住むところとして敬い恐れる土俗的な山岳信仰があった。

青森の岩木山、秋田・山形県の鳥海山、岩手県の岩手山、宮城・山形県の蔵王山、福島・山形・新潟県の飯豊山など、どの山もその土地の人々において深く信仰されていた聖なる山としての代表である。

これら東北の山々に変化をもたらす出来事が、奈良時代末から平安時代初期にかけて起こった。仏教の影響を受けた外来の山岳修験道である。それがその後のみちのくで展開する平泉の繁栄を考える上で大きくかかわることになる。

とりわけ系統の異なった新しい宗教が重なった。その一つは加賀の白山に始まった白山信仰であり、もう一つは密教系統の仏教である。白山信仰の方は、当時の畿内地区にあった政権のもとでは実質展開せず、独自に加賀の白山を中心に展開し、そこからみちのくに影響を与え、時代が下がって京都や鎌倉にも広がっていた。

この白山信仰はもともとは中国大陸で発展し、朝鮮半島を経由して、日本海を渡って若狭国に入り、現在の石川県と岐阜県にまたがる聖なる山の白山で、日本独自の修験道という形で展開したのであった。

政権の膝元の畿内においては、空海による高野山金剛峯寺の真言宗、比叡山延暦寺の天台宗がともに密教を標榜して平安時代当初、修験道の活動を連動させながら活動し始めていた。真言宗は政権とつかず離れずの関係を保ち、一方、天台宗は天皇と上層の貴族と深く結びつき、いわゆる「みやびな文化」を形成した。京都を発信の源とした貴族文化である。

京都に都を移して発足した政権は、奈良時代の文化を受けつつも、それを超えて新しい時代の文化形成をなすため模索していたが、その背景にみちのくの持っていた鉱物資源に多大な関心を寄せ、その状況が天台宗第三世座主円仁の名が多くみちのくに残った理由だった。

奈良時代と平安時代とを結びつける時代を生きた桓武天皇は、奈良時代末のみちのくへの派兵の厳しさを体験的に理解して新時代を迎えていた。そのため、派兵だけでなく、新たに天台宗という宗教をからめて、みちのく経営の構想を持ったのであった。

こうした状況のなかで、慈覚大師円仁は、下野国（現在の栃木県）出身であったことも関係して、「あづま・みちのく」には親しみを持っていた。

桓武天皇の敷いた「みちのくにかかわる政策」を下地にして円仁は天台宗をみちのくに広める働きもした。このことについては、このあとで改めて詳述する。

二　征夷大将軍の「歴史」

（一）大化改新後の「蝦夷」対策と「将軍」

さて、ここでは六・七・八世紀頃のヤマト王権の「北方に対する動向」を確認しておきたい。

1　『日本書紀』に見る「将軍」記事

『日本書紀』での「将軍」の文字にこだわってみると「将軍」の文字使用は時代的にまるで

きれいに線引きがおこなわれるような状況が見える。

①伝承的記述中の「将軍」

▼崇神紀　「四道将軍」の名があって、その四道とは「大彦命《おおひこのみこと》の北陸、武渟川別《たけぬなかわわけ》の東海、吉備津彦命《きびつひこのみこと》の西道、丹波道主命《たんばのみちぬしのみこと》の丹波」と語られ、話の内容は「戎夷を平定」するのが目的であると語られている。

▼垂仁紀　皇后の兄狭穂彦が天皇の位をねらう話があり、それを知った天皇は上毛野君八綱田を将軍として狭穂彦を撃たせた話がある。

▼景行紀　実はここには「将軍」の文字は使われていないのだが、「日本武尊《やまとたけるのみこと》」が熊襲の討伐と東国の国々の帰順をせまって各地をめぐるという「将軍」的な武勇譚が展開されている。

一方、これが神功皇后（気長足姫）紀、雄略（大泊瀬幼武）天皇紀になると俄然「対外記事」が増え、「新羅遠征の将軍」といったかたちの記事が多くなる。

②国家意識発生後の「将軍」

ここ以下では『日本書紀』での「継体紀」以降のことになる。ここから『日本書紀』そのものの記述は「伝承性」から「歴史書」に変化する。

例えば、それが「将軍」を語る場合も語り口はガラリと変わっている。「継体紀」以降は中国大陸の「隋・唐」や朝鮮半島の「高句麗、新羅、百済」等々への意識が強まり、「海を渡った先にある外の国の現実は……」、というリアルな認識が急激に高まった文面になっていて、おそらくこの記事の基《もとい》であった資料そのものが歴史書編纂時代に入っての記録となってきたのではないかと思われる。

▼継体紀　まず書き手、あるいは編纂者の意識の明確化で、具体的に述べれば「わが地域にある政権・王権」との意識の目覚めが具体的になるということ。そこに「自対他」の明確化として高句麗、新羅、百済の扱い方が単なる人物の移動という域を超えて「将軍の活動」が語られている。新羅への派遣武将や百済からやってくる人物、例えば「百済使者文貴将軍」といった「将軍」文字が数カ所にわたたって見えている。

▼欽明紀　百済からの救援要請として下部杆率という役職の「将軍三貴」などという人物が派遣されてきた記事がある一方、「ヤマト王権」側から紀男麻呂宿禰を大将軍として送ったこと、また引き続いて大伴連狭手彦を大将軍として高麗へ派遣して彼が成果を上げ、任那復興に手柄を立て、かつ「高句麗の宝を持ち帰った話」等々が記事となっている。

なおこの大伴連狭手彦についてはそれ以外に「松浦狭用姫が領巾《ひれ》を振った話」など説話的な内容の物語なども加わっている。

▼崇峻紀　紀男麻呂宿禰《すくね》、巨勢猿臣《おみ》、大伴囓連《くいむらじ》、葛城烏奈良臣《おならおみ》などの名があって、これらが大将軍として二万余の軍を筑紫から出発させ、新羅や任那に向かったなどのことが出てくる。

③対内「将軍」記事の始まりと舒明紀

ところで、ここまで見てきたことが忽然と変化するのが以下に述べる舒明紀である。これ以降はわが列島内での「まつろわぬ勢力」対「ヤマトの王権」との争い、という問題にがらりと変わっている。

▼舒明紀　舒明天皇九年の記事がある。この記事は西暦六三七年のことと編年されているが、「蝦夷がヤマトの王権」に従わなかったのですぐに上毛野君形名《かたな》を将軍として向かわせ、討たせた。ところがこの派遣軍は蝦夷に破れ、賊に囲われることとなり砦に逃げ隠れした。「兵士は逃亡し、城は空になり、将軍はなすすべが無くなってしまった」という記事があり、このあとに上毛野君形名は妻による機転でようやく面目を保つことが出来た、という話の流れとなっている。

実はこの「将軍」記事は派遣する方面が列島内で、かつ「蝦夷」を対象とすることがもっぱらとなる。そしてそれは『続日本紀』の流れにつながる内容の始まりとなっているのである。

2　『続日本紀』での「将軍」記事の意味

『続日本紀』という歴史書は冒頭が文武天皇紀（在位六九七〜七〇七年）であり、最終が桓武天皇（在位七八一〜八〇六年）紀であって、この間ほぼ百年間の記録なのだが、これは平城京いわゆる「奈良時代」と言われる時代の記録なのである。

ところでこの歴史書には、驚くほどの特徴がある。私はこの『続日本紀』はその全編が「エゾとヤマト王権との交戦記録」である、と言えるとさえ思っている。その間に為政者間の権力争いは当然書かれているものの『続日本紀』に副タイトルをつければ「エゾとヤマト王権の交戦録」としたい、そんな気さえするほどで少し前までの『日本書紀』にあった「海外」への「将軍」のことは全くなくなり、ここでの「将軍」は対「蝦夷」一辺倒になり、その対蝦夷に常に絡んでいるのが「大伴氏」なのであった。

3　東大寺大仏の鍍金と「みちのく」

①奈良の大仏に塗られた金の産地

国指定史跡の黄金山神社および黄金山産金遺跡は宮城県遠田郡涌谷町黄金迫にある。

国道三四六号に史跡黄金山産金遺跡の石柱があり、道に面して金色に塗られた大きな鳥居が目に飛び込んでくる。この鳥居の奥に延喜式内社黄金山神社が祀られており、ここから南へ一キロ周辺が黄金山産金遺跡である。

七四九年〔天平二十一、孝謙〕二月二十二日、陸奥国守百済王敬福《くだらおうきょうふく》より黄金を献上。四月一四日、天平感宝となる。七月二日、天平勝宝に改元。

七五二年〔天平勝宝四〕四月九日、大仏開眼供養。

六月十六日、大伴古麻呂、兼陸奥鎮守将軍、同按察使（左大弁留任）。佐伯全成、（陸奥守）兼鎮守副将軍。

黄金山神社

右に見るように天平二十一年（七四九）二月二十一日、陸奥国小田郡から黄金が出たという一報が都に届いた。四月一日、聖武天皇は大仏の前でその報告をした。四月二日には陸奥守百済王敬福より金九百両（十三、五キロ）が届いた。聖武天皇は東大寺大仏に塗る黄金に困っていた時であり、その喜びは大きく、その喜びのほどは四月十四日に天平感宝と改元し、さらに同年七月には再度天平勝宝と改元されたことにも現れている。

黄金が献上されたことを喜んで、聖武天皇は北面して大仏の前に座した。その式典で橘《たちばなの》諸兄《もろえ》と石上麻呂《いそのかみまろ》に詔を読ませた。その石上麻呂の読んだ宣命《せんみょう》のなかに、天皇は大伴一族内部で代々伝えてきた言葉、

「海行かば　水浸《みず》く屍《かばね》　山行かば　草生《くさむ》す屍　大君の辺《へ》にこそ死なめ　のどには死なじ」

を引用し、これまでの大伴一族の努力をたたえたのだった。

これに先立ち大伴家には黄金にまつわる苦い思いがあった。

家持の祖父の兄に当たる大伴御行《みゆき》は、金の精錬責任者として三田首《みたのおびと》五瀬《いせ》を対馬島に遣わしていた。

その五瀬が大宝元年（七〇一）三月二十一日に黄金発見を知らせてきた。この黄金発見の知らせは朝廷が大宝という元号まで制定するほどに喜ばしい知らせだった。その功績をたたえられ、八月七日に御行は褒賞を追贈されたのだった。

ところが、それは五瀬による嘘であった。このことで大伴一族は黄金の調達に関して汚名を受けていたのであった。家持もそのことをずっと気にかけており、彼は今，現在の課題である大仏建立と黄金の調達のことには少なからぬ関心を持っていた。

天平二十一年（七四九）五月十二日、越中守であった家持はこの宣命のことを任地にあって伝え聞いた。今度は本物である。しかも聖武天皇は「大伴家」の名をあげて宣命にこめての賞

賛だった。

その感激は大きく、伝統的な武人の家柄の誇りをこめて「陸奥国より黄金を出せる詔書を賀《ことほ》ぐ歌」（長歌一首と反歌三首）を万葉集に残した。

それは長歌の部分に「海行かば　水浸く屍……」の言葉を使って詠み、それにつぎの三首の短歌を添えたのであった。

ますらをの心思ほゆ大王《おほきみ》の御言《みこと》の幸を聞けば尊み
大伴の遠つ神祖《みおや》の奥津城《おくつき》はしるく標《しめ》立て人の知るべく
天皇《すめろき》の御代栄えんと東なるみちのく山に黄金花さく

②大仏荘厳後の「みちのく」対策

家持の歌にある「みちのく山の黄金」はヤマトの王権にとってこれまであまり意識してこなかった「みちのく」の意味を大きく変化させるものとなった。

天智天皇の頃以降、中国大陸、朝鮮半島にあった海外との関係での防衛や交流に当たっていた大宰府が七四二（天平十四）年に廃されて以降、鎮西府の警護に当たっていた鎮西将軍はもっぱら「陸奥国」方面の「夷《い》（東方）、狄《てき》（北方）」を相手とする言葉に変化してゆくのである。この「夷狄」は次第に「蝦夷」という表現に変わり、やがて出羽、陸奥当たり以北のまつろわぬ野蛮勢力を指し、「陸奥守」であり「鎮守将軍」または「按察使《あぜち》」という二重の意味を持つ「陸奥守兼鎮守将軍」が設定されていくのである。そして、その地域の「黄金」の存在がさらに明確になるにつれて、役名は「征夷将軍」「征夷大将軍」と変化してゆくことになる。

七五八年〔天平宝字二、淳仁〕十二月八日、坂東の騎兵、鎮兵、役夫、夷俘を徴発して桃生城、雄勝柵を築造させる。

七五九年〔天平宝字三〕九月二十六日、桃生、雄勝城造営従事者に対し挙稲を免ずる。出羽国に雄勝郡、平鹿郡を建置し、陸奥、出羽両国に駅家を置く。

九月二十七日、東国七国の兵士が所有する武器を雄勝、桃生二城に貯える。

七六〇年〔天平宝字四〕一月四日、雄勝、桃生城の完成につき陸奥按察使兼鎮守将軍藤原恵美朝狩らに褒賞。

十二月二十五日、田中多太麻呂、陸奥守兼鎮守副将軍。

七七〇年〔宝亀元、光仁〕八月四日、称徳天皇崩ず。

九月十六日、坂上苅田麻呂、陸奥鎮守将軍。

十月一日、白壁王即位（光仁天皇）。

七七二年〔宝亀三〕閏三月一日、佐伯美濃、陸奥守兼鎮守将軍。

九月二十八日、大伴駿河麻呂、陸奥按察使（陸奥守を兼ねるか）。

七七三年〔宝亀四〕七月二十一日、大伴駿河麻呂、陸奥鎮守将軍（兼陸奥按察使、陸奥守）。

七七四年〔宝亀五〕七月二十三日、河内守紀広純、兼鎮守副将軍。陸奥按察使兼守兼鎮守将軍大伴駿河麻呂に蝦夷討滅を勅命。

七月二十五日、陸奥より報。蝦夷が桃生城を侵攻、将軍駿河麻呂、これを討つ。以後弘仁三年（八一二）まで三十八年間対蝦夷戦争が続く。

八月二十四日、将軍駿河麻呂、蝦夷の侵攻が散発的であること等を理由に討伐の必要なしと奏上し、天皇は征討計画の首尾一貫性のなさを深く譴責する。

十月四日、駿河麻呂、陸奥遠山村（未詳。一説に宮城県登米郡）の蝦夷を征伐、天皇より慰労される。

七七五年〔宝亀六〕夏〜秋　蝦夷騒動。陸奥の民衆は砦の防御に狩り出され田は荒廃。これにより当年の田租、課役を免ずる。

十月十三日、出羽国、今後三年間に鎮兵九九六人を請い、要害防御と国府の遷移を願い出る。

十一月十五日、駿河麻呂、桃生城を侵した蝦夷を討伐した功により正四位上、勲三等。

相模など四国の兵士を差発し派遣する。

七七六年〔宝亀七〕二月六日、陸奥国が四月上旬における山海二道の蝦夷征討を申請。陸奥二万、出羽四千の軍士を発して雄勝方面から陸奥国西辺地域の蝦夷を征討する計画をたてる。

五月二日、志波村の蝦夷が叛逆、国軍不利。下総、下野、常陸などの騎兵を徴発して鎮圧にあてる。五月十二日、近江介佐伯久良麻呂、兼陸奥鎮守権副将軍。

七月七日、参議正四位上陸奥按察使兼鎮守将軍大伴駿河麻呂卒す（従三位追贈）。

七七七年〔宝亀八〕一月二十五日、大伴真綱、陸奥介。

三月、この月、陸奥の夷俘の来降、相次ぐ。

四月、この月、陸奥国は総力を挙げて山海二道の蝦夷と戦闘（九月二十五日条）。

五月二十五日、相模以下諸国に命じ、よろい甲二百領を出羽国の鎮所（秋田城、雄勝城などか）に送らせる。

五月二十七日、陸奥守紀広純、兼陸奥按察使（鎮守将軍も兼ねる）。

十二月十四日、陸奥鎮守将軍紀広純より、出羽国の軍が蝦夷に敗れ退却との報。近江介佐伯久良麻呂を鎮守権副将軍とし、出羽国鎮圧に出陣。

十二月二十六日、出羽国で蝦夷叛乱、官軍は戦況不利。

七七八年〔宝亀九〕六月二十五日、蝦夷征討に功のあった陸奥、出羽国の国司らに叙位。按察使紀広純、従四位下勲四等。鎮守副将軍佐伯久良麻呂、正五位下勲五等。伊治呰麻呂、外従五位下。（注＊宝亀七年四月に始まった征討に対する褒賞か。出羽の夷反乱はこれ以前に一段落したことが窺える。）

七八〇年〔宝亀一一〕一月十六日、陸奥国長岡郡（宮城県古川市か）に蝦夷が侵入、官軍との戦で多数の死者。

二月二日、陸奥国、胆沢地方を得るため覚鱉城《かくべつ》（所在不詳）の建造を奏上、許可される。

二月十一日、陸奥国より三月中旬の発兵と覚鱉城の築造を申請、朝廷は三千の兵で蝦夷の残党を討滅すべきことを命ずる。

三月二十二日、陸奥国伊治郡で伊治呰麻呂の乱、紀広純殺される。（乱の経緯）陸奥按察使紀広純が覚鱉城築城のため斥候を遠くに配置し、蝦夷の軍を率い伊治城に入った時、蝦夷出身で伊治郡大領の伊治呰麻呂が蝦夷軍に叛乱を呼びかける。呰麻呂は牡鹿郡大領道嶋大楯と紀広純を殺害したあと、陸奥介大伴真綱を多賀城まで護送。真綱と陸奥掾石川浄足は多賀城より逃走し、叛乱軍は略奪の後多賀城を焼き払う。以後、律令国家と蝦夷の全面戦争の様相を呈する。

三月二十八日、中納言藤原継縄、征東大使。大伴益立、紀古佐美、副使。

三月二十九日、大伴真綱、陸奥鎮守副将軍。安倍家麻呂、出羽鎮狄将軍。大伴益立、兼陸奥守。

六月八日、百済王俊哲、陸奥鎮守副将軍（真綱は解任か）。多治比宇美、陸奥介。

六月二十八日、陸奥持節副将軍益立らに勅あり、五月八日以来状況報告がないことを責める。

九月二十三日、藤原小黒麻呂、正四位下持節征東大使（継縄は解任）。

十月二十九日、天皇、蝦夷征伐の遅延を責める。

十二月二十七日、陸奥鎮守副将軍百済王俊哲より奏上、「蝦夷軍に包囲され苦戦したが、桃生、白河郡の神十一社に祈り囲みを破る。この十一社を幣社に列することを請う」。朝廷、これを許す。

七八一年〔天応元、桓武〕一月一日、呰麻呂に欺かれた者が来降した場合、賦役全免三年。陸奥、出羽征戦従軍者は当年の田租を免除。

一月十日、参議藤原小黒麻呂、兼陸奥按察使（紀広純の後任）。

二月三十日、穀十万斛を東国諸国より陸奥の軍所に船で輸送させる。

四月三日、光仁天皇譲位、山部親王即位（桓武天皇）。

五月二十七日、紀古佐美、陸奥守。

六月一日、桓武天皇、征東大使藤原小黒麻呂に対し、征夷軍の解散を責め、入京を停める。副使のうち一人に帰京と戦況の報告を命ずる。小黒麻呂の奏状によれば「賊衆四千余人、斬った首級は七十余人。遺衆なお多し」。

八月二十五日、陸奥按察使藤原小黒麻呂、征伐を終え入朝。特に正三位を授ける。

九月七日、内蔵全成、陸奥守。

九月二十二日、征夷の功労者に対し叙勲、叙位。紀古佐美、百済王俊哲、勲四等。内蔵全成、多犬養、勲五等。多治比宇美、従五位上など。

九月二十六日、征討副使大伴益立、蝦夷進軍を滞らせたことを責められ、従四位下の位を剥奪される。（注＊　前年の事件に対する処置。同日の記事に「小黒麻呂は軍を進め諸塞を恢復した」旨見える。なお承和四年（八三七）、益立の子伴野継が冤罪の訴えを起こし、認められて益立は本位を賜る（続日本後紀））。

十二月一日、陸奥守内蔵全成、兼鎮守副将軍。

十二月二十三日、光仁上皇崩ず（七十三歳）。

4　歌を捨てた大伴家持

①因幡守二年目の正月・最後の歌

天平宝字二年（七五八）六月十六日、この当時大伴家持は大きな政治変動の中にあった。まず家持個人の身辺で起きた大きな問題があった。それは突然因幡守に任じられたことである。家持は四十一歳になっていた。

家持にとっては二度目の地方国守への就任であった。その一度目は既に十二年も前のことになる。二十九歳になった六月、越中守を命じられている。当時の家持は歌人としても充実しており、そうした時代の活躍ぶりをしのばせる多くの歌が『万葉集』には残っている。歌に集中できた背景としては順調な高級官僚としての日々を送っている最中だったことと無関係ではない。

大伴家持像

こうした彼を政治家の立場で支えていたのが橘諸兄《たちばなのもろえ》だった。当時の諸兄は実質上最高の地位と言える正二位で左大臣であり、家持にとって信頼でき、またあこがれの政治家であった。

ところで、家持が先に拝命していた越中守への就任の時と違って今度の因幡守への就任には暗い状況があった。そして後にしてきた平城京の内部を思うにつけ、家持にはこのたびの因幡守というのは、自分を中央政界から遠ざけようとする背景があり左遷されたのではないかと思える節もあった。そのために心は暗かったのである。そしてその暗さの意味を赴任してまだ間もないころに起こった事件で「やはり」と確信したのである。

その年の七月だった。家持の身辺の変化と大きく連動している事変が平城京内で起こっていたのであった。

それは家持の因幡守赴任後、わずか一月半ほど経ってのことだったが、八月一日、時の孝謙女帝は大炊王に天皇位を譲って新たに淳仁天皇の時代となったのだった。それは先の孝謙女帝が天皇に即位してからわずか二年目のことにすぎなかった。

この背後には天皇を支えている閣僚である橘氏と藤原氏の主導権争いがあり、このたびの家持の因幡守の就任はそうした政変と無関係ではなかったのである。

②「いや重《し》け吉事《よごと》」前後の世相

そんな慌ただしさの中で家持が就任したその翌年の正月一日、国守として年頭に政庁で役人を集めて新年の祝いの宴を張った。これは地方の守としての恒例の重要な祝宴であった。そのとき詠まれた家持の歌が『万葉集』に残っている。

（天平宝字）三年春正月一日　因幡国庁で国郡司等に饗を賜ひて　その宴での歌一首

新《あ》らたしき　年のはじめの　初春の　けふ降る雪の　いや重《し》け吉事《よごと》

右一首守大伴宿祢家持作之

この歌、当然その趣旨から「予祝《よしゅく》の歌」ということで、その意味は「新しい年の始めにあたって、今日降っている雪は、今年、この国とみなさんの周辺に吉事が重なるというめでたいしるしである」という意味であろう。就任二年目とはいえ、この国で年頭の宴を設けることは最初のことでもあり、それなりの緊張があっての詠歌に違いない。

ただ当時、家持の身辺を見渡したとき年頭において「これまで同様、よいことが重なりますように」といった常套の祝詞というより、心の裏では「もう懲り懲りだ」という思いがあったのではないだろうか。「いや重け吉事（どうかよいことよ、重なってくれ）」と凶事を消し去りたい、そういう祈りだったのではないだろうか。私にはこの歌がそんなふうに読めてしまう。

それというのも、家持の身辺での政治的事件の展開は、かつて内舎人《うどねり》として二十一歳のとき政治の世界に参画して以来、彼が目にしてきた世の中を動かしてきていた二大勢力の存在と確執、そして彼自身もこれまでその渦に巻き込まれていた。そのためこの因幡への赴任もそれとは無関係ではないと改めて実感したのであった。

実は、ここに掲げた歌を最後として、あれほどに歌を作り、かつ歌の世界の先端を歩んでいた家持が、これ以降パタリと歌うことをやめてしまったのである。歌をやめるほどに、時代は切迫していた、といえるのだろう。

大伴家持といえば言うまでもなく『万葉集』という最古の歌集の中心的な歌人であり、かつその編纂者でもあろう、とも言われている。また私たちの周辺にはその生涯の伝記や収録されている歌については数知れない研究書が出回っている。

この「大伴家持」を、今さら改めて問題にすること自体どれほどの意味があるか、そういう声が聞こえそうなほどである。ところが、その「歌を詠むという活動」があったのは彼の生涯中約二十数年だけのことであって、彼は天平宝字三年（七五九）、四十二歳の時に詠んだ歌を最後にしたのであった。

その後のことについては、数ある伝記のたぐいでも通り一遍に「生涯の最晩年、陸奥守按察使鎮守府将軍として奥州多賀城にて没」といった程度ですませてしまっているのが普通で、後半生については数行、または長くても簡単な一節があって終わっているのが一般的なのである。

歌人としての生涯を見ると十六歳頃の歌を最初として、全二十巻ある『万葉集』の、とりわけ後半の巻十五から最終の二十巻の五巻については、家持の「個人歌集」、ともいわれるほど家持自身の歌、または彼周辺人物の歌中心に収められている。こうした歌への情熱を思うと、歌人としての充実度はこの時代に極めて高かったと思われる。それなのに先の「新《あ》らたしき・・・」の歌を最後に歌を捨てている。

（二）「将軍」、「大伴家と坂上家」

1　坂上苅田麻呂の登場

大伴家と坂上家の接点

私はもう一件確認しておきたいことがある。それは宝亀元年（七七〇）九月十六日の『続日本紀』にある坂上苅田麻呂という人物のことである。

この年、従五位上大伴家持は年齢五十三歳になっており九月に左中弁兼中務大輔、さらに十月には正五位下に再度位階が一階級あがるというめまぐるしい年であったが、その家持の九月昇進時に「正四位下坂上大忌寸《おおいみき》苅田麻呂、陸奥鎮守将軍となる」との記事がある。この坂上大忌寸苅田麻呂という人物はどういう経歴なのか。大伴氏とも少なからず関係があったようなのである。

この両家のことだが、「ヤマト王権」の「蝦夷」対策にはその後も大伴家、つまり大伴宿禰古麻呂が多くの実績を上げていた。一方、先の宝亀元年（七七〇）九月十六日の「正四位下坂上大忌寸苅田麻呂、陸奥鎮守将軍となる」という記事はかなり階位の高い「陸奥鎮守将軍」が誕生したことを示している。

両家の記録を追ってみよう。

この苅田麻呂のあとほぼ同じくらいの位階で大伴宿禰駿河麻呂《するがまろ》の名が上がっているが、その駿河麻呂は、宝亀七年に死亡記事があって「従三位」が追贈された。大伴家についてはその後もなお「真綱」「益立」などの名が上がっており、その後元号が天応となって、

天応元（七八一）年四月十五日。天皇御大極殿で治世について宣言。……正四位下大伴宿禰伯麻呂。大伴宿禰家持。佐伯宿禰今毛人。坂上大忌寸苅田麻呂にそれぞれ正四位上を授ける……。

同　五月七日。正四位上大伴宿禰家持を左大弁となし、春宮大夫は旧のとおり。参議宮内卿正四位上大伴宿禰伯麻呂は衛門督を兼任。正四位上坂上大忌寸苅田麻呂は右衛士督となし、丹波守は旧のとおり。

という具合になり、ここに大伴家の人物名に「家持」の名も加わってくることになる。元号が延暦と変わった年には「春宮大夫従三位《とうぐうだいぶじゅさんみ》」だった家持が「陸奥按察使、鎮守将軍」として「みちのく」に関わることになる。「みちのくと家持」という観点で見ると、家持はこのときの登場が最初で、さらに、延暦三（七八四）年の二月には「従三位大伴宿禰家持を持節、征東将軍に任じ……」とある。そしてその翌年の記事であるが、

延暦四（七八五）年二月十二日。従五位上多治比真人宇美は陸奥按察使兼鎮守副将軍とな

し、国守は旧のとおり。また正四位上坂上大忌寸苅田麻呂には従三位を授ける。

とあって、このとき坂上苅田麻呂は「従三位」となっている。かつてこの「苅田麻呂」「家持」の位階は「苅田麻呂」が上にあり、しかもかなり離れていたのであるが、ここに来て家持の方が先に「従三位」となったことになる。この「従三位」などを見ると大伴家と坂上家は当時の重要課題としての「蝦夷対策」の部門はもとより、当時の一般的な役職でも重要な家柄として「ヤマト王権」の中核をになっていたことがわかるのである。

さらに注目すべきことはこの坂上苅田麻呂という人物は、この後確認する坂上田村麻呂の父親であるということなのである。

このあたりのことを桓武天皇との関係でさらに確認を進めたい。

2　桓武天皇と「蝦夷」対策

「将軍」と「みちのく」

史料が『日本書紀』から『続日本紀』に変わると、もっぱら「ヤマトの王権」での重大な政治問題が対「海外」より隼人、蝦夷の問題に、そしてそれはとりわけ「蝦夷」の扱い方ということに変わってきた様子が見える。当然「将軍」ということばの使われ方や意味も『日本書紀』時代とは変化してきている。こうしたことの始まりは元明天皇和銅二（七〇九）年三月五

日の記事、

陸奥、越後二国の蝦夷が野人の心で良民を害するばかりで馴もうとしない。そこで、遠江、駿河、甲斐、信濃、上野、越前、越中等国から兵を送ることにした。左大弁正四位下巨勢朝臣麻呂を陸奥鎮東将軍とし、民部大輔正五位下佐伯宿禰石湯を征越後蝦夷将軍とし、内蔵頭従五位下紀朝臣諸人を副将軍として、両方面征伐のため、節刀と軍令を授ける。

に実質上始まっている。

右引用にある「両方面征伐」というのは「陸奥・越後二国の蝦夷」ということで、この記事によれば越後も「化外」の地であったことがわかる。この記事以降『続日本紀』には数々の「畿内王権」からの「将軍」が語られることになる。これらはその前年、初めて銅が発見されたことを祝っての「和銅」元号二年のことであり、さらに和銅三年正月一日の記事に、

天皇は大極殿の前に御し、左将軍正五位上大伴宿禰旅人、副将軍従五位下穂積朝臣老、右将軍正五位下佐伯宿禰石湯、副将軍従五位下小野朝臣馬養等を皇城門外の朱雀路東西に並べ、分頭して騎兵を並べ、隼人、蝦夷等を引いて進んだ。

とある。これは派遣した家持の父親である左将軍正五位上大伴宿禰旅人を含む将軍たちがそれ

なりの成果をもたらし、その成果を年頭に大々的に披露した様子である。そこには帰順した「隼人、蝦夷」の人物たちも参列したのであった。

ところで、この「将軍」にもいろいろな表現がある。派遣の目的、方向、さらに時の流れの中で持節将軍、鎮狄将軍、征夷将軍、陸奥鎮守将軍、陸奥国按察使兼鎮守府将軍、征東使、ならびに鎮狄将軍、持節兼征東将軍、征東将軍、持節征東将軍、等々の言い方であり、この「将軍」に「大」を付け「大将軍」という言い方も後半に増えてくるという状況である。

そのあたりのことを、もう少し確認してみたい。

いわゆる奈良時代と平安時代の接点となる頃、桓武天皇は即位した。このあたりを『続日本紀』の末尾から拾ってみたい。ここに大伴家持が「将軍」の役職に就いた記事がある。

七八二年〔延暦元、桓武〕　桓武天皇は前年光仁天皇を継いでおり、二年目の年、閏十二月十一日、氷上川継の乱。

二月七日、民部卿小黒麻呂、兼陸奥按察使。

六月十七日、春宮大夫大伴家持、兼陸奥按察使鎮守将軍。入間宿禰広成、陸奥介。安倍猿嶋臣墨縄、鎮守権副将軍。

七八三年〔延暦二、桓武〕一月九日、道嶋嶋足、卒す。（卒伝）陸奥国牡鹿郡の人。旧牡鹿連。武芸に長け、授刀衛将曹に抜擢され、仲麻呂の乱で勲功を上げて従四位下勲二等。のち道嶋宿禰を賜姓され、正四位上の高位にまで至った。

四月十五日、鎮所の将吏たちが坂東八国から運ばれた穀によって私利を得ること、また鎮兵を使役して私田を営むことを厳しく諌める。

四月十九日、坂東諸国に対し勅「この頃夷俘の騒乱により軍旅が頻発し、このため坂東諸国の辺境地方は疲弊している。これを憐れみ、使いを発して慰労すると共に倉を開いて優給する」。

六月六日、坂東八国に命じ、散位の子、郡司の子弟、浮浪人等のうち適当な者各五百〜千名を選んで軍事訓練を課さしめる。

八月十九日、大伴家持、中納言に就任（春宮大夫、陸奥按察使、鎮守将軍留任）。

十一月十二日、常陸介大伴弟麻呂、兼征東副将軍。

3　奈良時代最末期と「蝦夷」対策

①「将軍」の名と大伴家持

主に薩摩などの南方の対策として成立していた「将軍」という役職は北方対策の役職に変わっており、大伴氏の役割は「北方にかかわる将軍」に変化していったのであった。


七八二年〔延暦元、桓武〕桓武天皇は前年光仁天皇を継いで二年目の年、閏一月十一日、氷上川継の乱。

二月七日、民部卿小黒麻呂、兼陸奥按察使。

六月十七日、春宮大夫大伴家持、兼陸奥按察使、鎮守将軍。入間宿禰広成、陸奥介。安倍猿嶋臣 墨縄、鎮守権副将軍。

七八三年〔延暦二、桓武〕七月十九日、大伴家持、中納言に就任（春宮大夫、陸奥按察使、鎮守将軍留任）。十一月十二日、常陸介大伴弟麻呂、兼征東副将軍。

七八四年〔延暦三、桓武〕二月、大伴家持、持節征東将軍（春宮大夫、陸奥按察使、鎮守将軍留任）。文屋与企、副将軍。入広成、阿倍猿嶋墨縄、軍監。（注＊　家持に「持節」（節刀を賜わる）の文字があることなどから、家持は再び陸奥へ下向したと思われる。但し在京将軍であったとの説もある）。

十一月十一日、桓武天皇長岡 宮に遷幸（長岡京遷都）。

七八五年〔延暦四、桓武〕二月十二日、多治比宇美、陸奥按察使（家持の後任）兼鎮守副将軍。

四月七日、陸奥按察使鎮守将軍家持ら、東北防衛について建言。危急時に人民、兵士を徴集するために設けた仮の郡多賀、階上を正規の郡とし、官員を常置することを要望。許可される。

五月二十日、百済王英孫、陸奥鎮守権副将軍（安倍猿嶋墨縄の後任）

八月二十八日、中納言従三位大伴宿禰家持死す。（藤原種継暗殺未遂事件あり）。

九月二十三日、夜、長岡京造営工事を検分中の中納言正三位兼式部卿藤原朝臣種継、賊に弓で射られ薨去。

七九一年〔延暦十、桓武〕二月二十一日、陸奥介文屋大原、兼鎮守副将軍。

七月十三日、大伴弟麻呂、征夷大使。百済王俊哲、多治比浜成、坂上田村麻呂、巨勢野足、副使。

九月二十二日、下野守百済王俊哲、兼陸奥鎮守将軍。
七九三年〔延暦十二、桓武〕二月十七日、征東使を征夷使に改める。
三月、平安京の建設、大規模に始まる。難波宮を廃止。
七九四年〔延暦十三、桓武〕一月一日、征夷大将軍大伴弟麻呂、節刀を賜う。
六月十三日、副将軍坂上田村麻呂、蝦夷征伐。

②鎮守将軍から征夷大将軍へ

「鎮守将軍家持」の数代後、後継者とも言える大伴弟麻呂が右の七九四年の記事に初の「征夷大将軍」となったことが記録されている。これが「征夷大将軍」の最初であり、その折副将軍として坂上田村麻呂が就任し、その三年後に蝦夷征伐に功を上げたことにより征夷大将軍を大伴弟麻呂から引き継ぐことになる。

「征夷大将軍」の名の初代は大伴弟麻呂→そして以下坂上田村麻呂…………→さらに「源頼朝」ということになる。

③平安京への遷都後

七九七年〔延暦十六、桓武〕十一月五日、坂上田村麻呂、征夷大将軍。
八〇一年〔延暦二十、桓武〕九月二十七日、征夷大将軍坂上田村麻呂、蝦夷を討伏。閉伊村までを征服。

八〇二年〔延暦二十一、桓武〕一月九日、坂上田村麻呂に胆沢城の造営を命ずる。（注＊　胆沢城跡は岩手県水沢市。この後、鎮守府は多賀城から胆沢城に移される）。

四月十五日、坂上田村麻呂、蝦夷の総帥アテルイの降伏を報告。

八月十三日、アテルイらを処刑。

八〇三年〔延暦二十二、桓武〕三月六日、造紫波城使坂上田村麻呂、辞見。（注＊　天皇への対面儀礼。この年、紫波城を造営。城跡は岩手県盛岡市）。

八〇五年〔延暦二十四、桓武〕十二月七日、参議藤原緒嗣、陸奥進軍と平安京造営の中止を提言。桓武天皇これを容れる。

八〇六年〔大同元、平城〕三月十七日、桓武天皇崩ず（七十歳）。

五月十八日、安殿親王、践祚（平城天皇）。

八〇九年〔大同四、嵯峨〕四月一日、平城天皇譲位、賀美能親王践祚（嵯峨天皇）。

八一一年〔弘仁二、嵯峨〕一月十一日、陸奥国に和賀、稗貫、斯波（紫波）の三郡を設置。

三月、出羽守大伴今人、俘囚三百余人を率いて蝦夷征伐に勲功を立て、翌月征夷副将軍に抜擢される。

閏十二月十一日、文屋綿麻呂より蝦夷征伐の終了を奏上。宝亀五年から三十八年続いた蝦夷征服戦争が終わる。

三　天台宗慈覚大師円仁と朝廷

（一）円仁と天台宗

1　慈覚大師と「みちのく」

東北の山中には、天台宗の山岳寺院が多い。創建は「大同年間」「大同二年」という年号に関する伝承や天台宗を大成させた三世円仁の名を「慈覚大師の開基にして………」といった形で多々見る。

『奥の細道』に、

立石寺　山形領に立石寺と云山寺あり。慈覚大師の開基にして、殊清閑の地也。

とあり、そのほかにも松島の瑞巌寺、岩手県奥州市水沢の黒石寺、福島県伊達郡の霊山寺、下北半島の恐山などは「慈覚大師円仁開基」を語る山岳寺院である。

①二色根薬師と赤湯温泉

山形県内に慈覚大師の名の残る南陽市の二色根《にいろね》薬師寺があり、天安二年（八五八）に開基した寺であると伝えられている。寺の名が示すように薬師如来を本尊としている。そしてここ南陽市は赤湯温泉があることでも知られている。地名の二色根の意味は、薬師寺に慈覚大師が巨木の根元から出ている光を見つけ、掘り出すと淡い青と赤の「二色」を放つ石仏の薬師如来が現れたと伝えられている。あるいは、水銀、朱沙などを意味する「丹」の字を使って「丹色根」とも書き、「にろね」と読まれたことが二色根の地名のはじまりであるともいう。

また慈覚大師が薬師如来に祈っているときに見た霊夢により発見されたとの伝説もあって、この二色根薬師は赤湯温泉の湯の神として尊崇されてもいるのである。この地には宮内という地名がある。その宮内の「宮」とはこの地にある熊野神社のことを指し、日本三大熊野の一つであるとされる。

赤湯温泉の「赤」は今から九百年ほど前、八幡太郎義家の弟義綱が、渾々と湧き出す湯を発見し、戦いで傷ついた家来たちを湯に入れると、たちまち傷が治り、傷から出た血で温泉は深紅に染まった、との伝承がある。

この温泉だけでなく「赤」のつく川の名や赤坂のように地名にある場合もあって、多くが温泉、水、あるいはその土質をあらわすものだが、ここに見るように合戦や武将の伝承をともなっていることも多く、その背景には鉱物資源のことが暗示されている場合が多いとみてよい。

金山という地名も同様で、この南陽市にも「金山」の地名がある。土地の伝承に、鬼面石とよばれる石についての話がある。この鬼面石には素金万分《まぶ》と呼ばれる大きな洞穴があり、そこに鬼が住み、そこを通る旅人を襲ったので、人々から恐れられていたという。

マブというのは鉱物を掘るために開けられた鉱道を意味し、「鬼が襲う」と恐れさせ、周辺に人を近づかせない話にしている。同様の話は全国各地の鉱物資源にかかわる地などにある。この典型的なパターンの話の地はとりわけみちのくには多い。

このほかにも「黄金町」「漆山」等々の地名がこの周辺にあって、やはりこれらは金属の採掘や精錬にかかわって分布する地名である。「漆」は

朝日さす　夕日かがやく　木の下に　漆千杯黄金千杯

などの歌をともなって、埋蔵金伝説の残る土地に多く見る「伝説」のパターンとされ、実際にこの周辺が金属採掘や精錬にかかわっていた歴史があったことを思わせる。

また、奥州には、出羽三山を活動の中心に据えた羽黒山の修験道が独自に展開していた。崇峻天皇の皇子である蜂子皇子が大和での政争に敗れてこの地に逃れて羽黒山に登り、ここで霊験を得て、山頂に祠《ほこら》を建てたのが始まりとされている。ただ、なぜか羽黒山に残っている皇子の画像の顔は、鬼の形相のように醜怪である。

この羽黒山にはその後、白山信仰開祖の泰澄、真言宗開祖の空海、天台宗開祖の最澄らがつぎつぎに来山したという。つまり、古来からあったみちのくの代表的な山岳信仰と外来の信仰

が「このあたり」でドッキングしたものと思われる。

②円仁と天台宗

慈覚大師円仁は日本天台宗の祖最澄のもとに十五歳で入門し、四十五歳の承和五年（八三八）、遣唐使に加わって唐に渡った。そして帰国後九年目に天台宗の三代目座主に就任している。この円仁より二十歳若く、同じく入唐して第五代目座主となった円珍とともに日本天台宗の基礎を築いた人物である。

円仁は学んできた最新の仏教知識を、帰国後に朝廷の「みちのく」経営のために最大限活用した。

唐に渡り帰国するまでの九年間の日記『入唐求法巡礼行記』を残している。この記録を読むと当時の渡航がいかにたいへんであったか、あるいは当時の中国がどのような状態だったか、等々を具体的に知ることができる。見聞録として、この紀行文は世界史的に見ても希有で、その重要さは計り知れないものである。

円仁がまず到着したところは揚子江河口の揚州。そして、北上して山東半島の赤山へ向かい、そこから念願の五台山へ行った。その後、さらに長安（現在の西安）へ行き、帰路は黄河の南岸を経て再び山東半島へ赴き、登州、赤山を経て黄海を朝鮮半島の沿岸に沿うようにして日本へ戻ったのであった。

この間、円仁の行動を助けたのは、現地にいた新羅の人たちだった。当初から現地での通訳は、新羅人が務め、巡行の途中でのさまざまなトラブルにも、新羅人は各地に置かれた新羅坊（新羅人の拠点）を介したネットワークを動かせ、それらの援助によって問題をを回避しながら旅をつづけたのだった。

現在われわれが海外旅行するとき、添乗員の世話になることが多いが、この時、新羅人がちょうどその添乗員のような働きをしており、現地新羅人のネットワークの中心的な拠点が赤山にあった新羅法華院だった。

円仁はそのときの感謝の思いをこめてか、帰国後に赤山明神を日本に建立することを計画した。それが実現したのは円仁の没後のことであったが、比叡山北西の麓、洛北の修学院近くに、比叡山の別院である赤山禅院が建てられたのであった。現在は、紅葉の名所として知られている。

天台宗を語るにあたって円仁とともに語らなければならない僧として円珍がいる。円仁が比叡山のなかでも横川に活動拠点を設けたのに対し、円珍は第五代の座主として比叡山の東の麓、琵琶湖に近い長等山園城寺《ながらさんおんじょうじ》（三井寺）の方に独自の活動場である別院を置いていた。そして北院として新羅善神堂を建てている。

この新羅善神堂《しんらぜんしんどう》には寺の守護神とされる新羅明神坐像が安置されている。これは円珍が唐からの帰途、老翁が船中に現れ、自ら新羅明神と名のり今後教えを広めるにあたって「活動を守ってやる」と約束した。そのことを記憶にとどめるため、創建したものであった。

このあたりは壬申の乱の際、父天智天皇の大津宮を引き継ぐために、大友皇子が拠点としたところである。一方、あたりには新羅系渡来人の古墳が多いところでもあり、早い時期から大陸との交流が重層的にあった地域である。

円仁の赤山新羅法華院や、円珍の新羅善神堂も、新羅人に感謝をこめての建立であり、これは二人が入唐時、いかに新羅とのかかわりを深く持ったかということを物語っている。

天台宗は、円仁、円珍二僧が活動していた時から約百年経過したあとのことだが山門派（円仁派）と寺門派（円珍派）とに分裂した。分裂の根源には慈覚大師円仁と智証大師円珍の理念の違いにあるとされ、現実に二派が分裂することになったのは、二人の跡を継ぐ弟子たちの間で座主や戒壇の主導権問題などによる抗争が激化したことに始まる。それは円珍派の僧坊が襲われ、円珍派は円珍ゆかりの園城寺に避難して以来のことであった。いずれにしてもこの二人は直接、間接に「みちのく」とかかわりが深かった点で共通するのである。

東北での智証大師円珍は、その名においてよりも、先に述べた三井寺の新羅善神堂の堂前で元服したとされる新羅三郎義光にかかわって、各地に見られる新羅神社という形で確認することができる。この義光とは「みちのく衣川」で土地の豪族安倍頼時が威をとなえた時相模守だった源頼義が追討に赴いているが、その頼義の三人の子息、八幡太郎義家、加茂次郎義綱、新羅三郎義光とあるその三男のことである。

またここで興味深いのは、円仁が「桓武平氏」とのかかわりが強いのに対して円珍の方は「清和源氏」とのかかわりを持っていることである。

2　古代史上に見る金属への関心

『日本書紀』『続日本紀』等の中に金属にかかわる記事は随所に見られるが、それは金属への関心状況を示す象徴的なことで、いくつかの元号制定に関するいきさつともからんでいる。

文武天皇の時代には「大宝」（七〇一年制定）の元号があり、元明天皇の時代には「和銅」（七〇八年改元）があり、奈良時代になって聖武天皇が長い間「天平」の元号を使用した後、大仏建立が果たされたとき譲位し、そのとき改めて制定されたのが「天平感宝」と「天平勝宝」という元号であった。

これらはどれも金属の発見にかかわって制定された元号で、「大宝」は、対馬から朝廷に金が献上されたことによっている。献上されたときの喜びは大きく、その「大宝」は恒常的に使われるようになる元号の初のものとなったのだった。それまで元号は数度単発的に使われる程度だった。じつはこのときの金の献上は、対馬産の金ではなく、詐欺であったことが後にわかるのだが。

この他の例では「和銅」の元号も武蔵国の秩父から初の自然銅の発見があり、その銅が朝廷に献上されたということで、やはり喜びの気持ちがこの元号を生んだものであり、また「天平感宝」、「天平勝宝」の元号が制定されたのは、時の聖武天皇が東大寺の大仏に塗る黄金を求めていたところ陸奥国から初の列島内での金が献上された。そのことを祝っての元号だった。

これらのことは七世紀後半頃から八世紀初め頃にかけて朝廷の政治活動において、「金属」

にかかわる関心が異常なほどに高まってきていたことをあらわしている。

水銀と黄金と錬金術

「白山信仰」の始まったのは養老元年（七一七）。おおもとは中国であり、朝鮮半島から経由した信仰形態といえる。そしてこの流入の度あいは金属への関心が特に高揚してきたことと無関係ではなく、その活動の形態は山岳を抖藪《とそう》行脚することによって、自然の中に埋蔵されている鉱物資源を探索するというものだ。つまり、この白山を含んで周辺の中部山岳地帯が様々な鉱物資源の宝庫であったことによる。

この白山信仰に限らず修験道の発達した山岳は各地にあって、どれも鉱物資源の探索と無関係ではない。たとえば「吉野、熊野」に発する修験道などはその代表である。

佐藤任の『密教と錬金術』（勁草書房）や『空海と錬金術』（東京書籍）などが語るように、密教はインドの錬金術と不可分の関係があり、それを深く学んだ空海の宗教活動は鉱物探索、冶金の技術と強いかかわりを持っていたのである。

空海は紀伊半島の深部にある鉱物資源、とりわけ水銀や黄金にかかわる資源に注目した。その探索のために、修験活動の根拠地として高野山金剛峯寺を開いた。

高野山全山は水銀鉱脈の上にあるといわれる。ここに丹生川があり丹生都比売《にうつひめ》神社があるように、「丹」は一般に水銀と同じ意味で使われる。そしてその丹に深くかかわる地名が「丹生」である。丹は中国湖南省辰州に産したことによって辰砂と呼ばれることがある。この辰砂は朱砂、丹砂とも呼ばれ、真赭《まそお》とよばれて美しい赤色を呈している。先にみた赤鉄鉱、酸化第二鉄（ベンガラ）の朱色とともに古代では魔よけの色として古墳内部の装飾に使われたり、器物の顔料として用いられたりした。

水銀の精錬は辰砂を熱し、発生した水蒸気を冷やすことによって採取される。その水銀は適量を用いれば新陳代謝を促すとも言われ、不老長生の薬としても使われたりした。そして銅の仏像などに黄金のメッキをする際にアマルガム（水銀と他の金属との合金）が用いられた。金を溶かしたアマルガムを仏像の表面に塗り、熱を加えると水銀のみが流れ、金は仏像に付着する。つまり金メッキである。この用法は奈良の大仏への鍍金の際にも行われた技法であった。

このように金や銀などの鉱物とともに辰砂の獲得は時の権力者にとってゆるがせにできない重要な関心事になっていたのである。辰砂の産するところ、すなわち「丹生」という地名は日本各地に分布するが、特に中央構造線といわれるライン上に集中している。弘法大師はこの丹生の地名のあるところに多く名を残しており、そのことによって弘法大師とは、水銀とそれにかかわる文化の先駆者だったとみることができる。

ところで、その弘法大師空海の持つ霊力の継承を、と心に期したのが文覚上人その人なのであった。

（二）畿内王権羨望の「みちのく」

1　平泉文化を支えた「みちのくの黄金」

奈良時代の大和朝廷はとりわけ東大寺の大仏に塗る黄金が発見されて以来、「みちのく」への関心は並々ではなくなっていた。しかし「みちのく」は当時まだ十分朝廷の勢力は及んでいない。つまり化外の地域だった。朝廷は開発拠点として「多賀城」を確保し、その後「胆沢城」などを設けて開発と経営に乗り出した。

これらの史跡に見る「征夷将軍」「征東将軍」などの名は、陸奥経営の権利を得ようと畿内王権（朝廷）の送ったみちのく討伐のための軍団の指揮官に与えられた役職名で、これら将軍の派遣にもかかわらず「みちのく」は畿内王権の意のままにはならなかった。波状的に送られる王権軍に「エミシ、蝦夷」の力は負けなかったのである。

奈良時代が終わって平安時代に入る頃から桓武天皇もいち早く「みちのく」への関心を示し、「征夷大将軍」として「みちのく」へ送ったのが坂上田村麻呂である。その一方で、王権は鉱脈の新発見をめざして天台宗の修験道を前面に押し出し、多くの山岳寺院を造営して「みちのく」への拠点作りに励んだのであった。

東北各地の山中には天台宗の山岳寺院が多い。創建には「大同年間」という表現をたびたび見る。そして天台宗を大成させた三世慈覚大師円仁の名を「慈覚大師の開基にして……」といった形で多々見ることはすでに述べた。

しかし、こうした動きは王権側に立ってみたとき、思惑どおりことが進んでいたわけではなかった。みちのくの力は元慶の乱に見るように王権からの兵に勝っていたのである。ところがその後、奥州は現地の豪族、安倍氏と清原氏の争う「前九年、後三年役」に突入する。西暦でいう一〇〇〇年代のことである。

これを経て「みちのく」を収拾したのが安倍氏などをおさえた奥州藤原氏であった。そして、その時代となって、みちのくは安定し、平安時代の末へ移行してゆくのである。

その安定の背景には、黄金があったことはいうまでもない。みちのくは海外の国々との貿易の際に欠かすことのできなかった黄金を自前で調達できた。一般にこれが奥州平泉の黄金文化と呼ばれ、畿内王権はこれに多大な関心を向けた。

それと同様に畿内王権が長年その利権に関心を示しつづけたものとして奥州の鉄があった。北上山系は古代から鉄が採取され、南部の鉄文化を生み、釜石の製鉄技術は近・現代の産業にまでつながっている。

この鉄に裏打ちされた武器製造の伝統がみちのくにはある。例えば、古墳や古代遺跡からよく出土する蕨手刀《わらびてとう》は少なくとも古墳時代後期までさかのぼれる鉄の刀である。これはみちのくに産した鉄を材料にして、みちのくに育った技術によって造られた武器である。

おそらくこの技術を下地にして、平安時代には「舞草鍛冶《もぐさかじ》」による舞草刀《もぐさとう》が造られた。畿内の人は奥州で造られた刀を衛府太刀として珍重したのである。源氏の宝刀とされる「髭切」と呼ばれる刀などもこの舞草のものであったとされる。

この舞草刀の技術は、その後「日本刀」の文化へ発展していったものであるとされる。つまり、平安時代末の各合戦の場で見られるようになる日本刀は、みちのくにその元があったことも考えられるのである。

▼黄金山神社　宮城県遠田郡涌谷町には日本で初めての金を産出したという黄金山神社がある。天平二十一年（七四九）には、奈良東大寺の大仏造営の際に、この地から金が献上された。この記念すべき出来事を大伴家持は「すめろきの御代さかへむと東なるみちのくやまに黄金花咲く」と歌に詠んだ。

▼鹿折金山　宮城県気仙沼に鹿折金山がある。ここは奥州藤原氏の黄金文化を支えたといわれる金山で、非常に金の含有量が高かったという。一九六〇年代に閉山するまで採掘されていた。

▼大谷金山　宮城県本吉町にある金山で、採掘の歴史は「前九年の役」以前に遡ると考えられており、鹿折金山同様平泉の黄金文化を支えた源だった。ここは一九七六（昭和五十一）年まで稼働していた。大谷金山をもつ本吉町の田束山《たばしねやま》は、藤原秀衡が深く信仰した山で、山頂に羽黒山清水寺、中腹に田束山寂光寺、北嶺に幌羽山金峰寺など七堂伽藍、七十余房を造営した。

これは三陸海岸沿いの広域に分布した黄金を管理することが目的であったことを示している。さらに文覚上人のみちのくでの足跡がもっとも多く見られるのがこのあたりなのである。

2　遣唐使派遣に使われた奥州の黄金

奥州には出羽三山を活動の中心に据えた独自の羽黒山の修験が展開していた。羽黒山はその開祖について奇妙な伝承を持っている。崇峻天皇の皇子である蜂子皇子が大和での政争に敗れてこの地に逃れてきて羽黒山に登り、ここで霊験を得て、山頂に祠を建てたのが始まりとされている。

その後、白山信仰の開祖の泰澄も、真言宗開祖の空海も、天台宗開祖の最澄も、つぎつぎに羽黒山を訪れたという。

奥州藤原氏は清衡、基衡と続き、三代目の秀衡の頃はその栄華も極に達していた。

そんな中で、嘉応二年（一一七〇）に秀衡は鎮守府将軍になっている。これは一見畿内王権側と結びつく形を取って、なお帰順していない蝦夷勢力ににらみを利かせる役割だった。しかし、一方でこの役職を得たことは、逆に奥州藤原氏が機内王権とも一線を画すことのできる力を維持するもとにもなっていた。

当時、王権側と平氏一門が奥州、すなわち秀衡に期待していたのはみちのくの「黄金」の調達だった。そのことを知っていた秀衡は、適度に砂金などを送ることによって王権側との調和を保っていた。

奥州の「黄金」はどのように使われたか。そして、畿内の王権にとってそれがどれほど重要であったかについて、一端を述べてみよう。

みちのくの黄金が遣唐使の渡航の際の費用や平安時代末頃の中国宋との貿易に使われていたことを示す資料はいくつかある。

3　八溝山《やみぞさん》のこと

常陸国（茨城県）、下野国（栃木県）、陸奥国（ここでは福島県）、この三国の接点に八溝山《やみぞさん》がある。この山の「黄金」のことについて『続日本後紀』では、承和三年（八三六）正月の記事に「陸奥国白河郡の八溝山の黄金を遣唐使を派遣する際の資金にする」とあり、山中には「文覚の沢」と呼ばれる文覚上人の足跡もある。

ここは古来から山岳修験道の手によって鉱物資源の探索が行われ、それなりの成果のあったところであった。『常陸国志』（光圀により編纂されたとされる）につぎのような記事がある。

金、久慈郡出ず　上品　銀、久慈郡出ず　上品　銅、久慈郡出ず　錫、倭名須須、久慈郡に出ず　八溝山……山上三国　常陸、下野、陸奥の界有り。其の北は陸奥の国白河郡に属す。西は下野の国那須郡に属す。東南は皆常陸国久慈郡に属す。山中金穴多し、俗に曰く魔符《マブ》。古く黄金を掘る所也。続日本後紀仁名《ママ》（仁明）天皇承和三年（八三六）春正月乙丑、詔して陸奥国白河郡従五位下勲十等八溝黄金の神封戸二烟を充て奉る。……砂金を採得せしめ、其の数常に倍し能く唐の資を助くるをもつてする也。当時遣唐使大使藤原常嗣、副使小野篁、……

つまりこの記事によると、「仁明天皇承和三年（八三六）春正月」に「陸奥国白河郡従五位下勲十等八溝黄金の神」が畿内王権から「神封」を受けたことが分かる。そして、この八溝山に産する「黄金」が遣唐使を派遣する際の資金になっていたことも示している。畿内王権は当時の対海外との政策に陸奥の黄金を使っていたわけである。

ここでもう少し「みちのく」から「北関東」にわたる鉱物資源の意味について、奈良時代から平安時代頃にかけての状況を概観しておきたい。ここに述べる背景の下に「鎌倉幕府の成立前史」としての時代的な状況を見ることができると思うからである。

4　黄金の使われ方

奥州の「黄金」はどのように使われたか。そして、畿内の王権にとってどれほど重要であったかについて、その一端を述べてみよう。

みちのくの黄金が遣唐使の渡唐する際の費用や、平安時代の日宋貿易に使われていたことを示す資料はいくつかある。

先に、常陸国（茨城県）・下野国（栃木県）・陸奥国（ここでは福島県）の三国の接点に文覚の足跡が残っていると述べた八溝山がある。ここは古来から山岳修験道によって鉱物資源の探索がおこなわれ、それなりの成果のあったところであった。

水戸光圀により編纂されたとされる『常陸国志』に、「仁明天皇承和三年（八三六）春正月」に「陸奥国白河郡従五位下勲十等　八溝黄金の神」が「神封」、つまり国からの公認の土地を受け、ここで採れる「黄金」が、遣唐使派遣の資金になっていたと、述べている。畿内の王権は対外政策にみちのくの黄金を使っていたことを考証しているのである。

あるいは『源平盛衰記』の記事のなかに清盛の嫡男の小松内府重盛の病による最期を語るところで「育王山に金を送る事」という話も書かれている。

さて、『吾妻鏡』文治五年（一一八九）九月十七日の記事は、西の平家を討ち終わったあと、頼朝は自ら兵を率いて奥州に攻め入ったことを述べ、四代目の泰衡は頼朝軍に命乞いをしつつ、捕まり殺された。そのおり藤原三代の残した平泉の佳麗な堂塔の様子について克明に記録している。

「中尊寺の事」「毛越寺の事」「無量光院の事」など記録はつづく。このなかの「中尊寺の事」では、寺塔四十余宇、禅坊三百余宇が初代の清衡によって建立されたことを述べ、平泉の町の壮観、黄金で荘厳された諸堂宇の確認を経て「凡そ清衡の在世三十三年の間、吾が朝の延暦、園城、東大、興福の寺寺はもとより、震旦（中国）の天台山に至るまで、寺毎に千僧を供養す」とあって、清衡が日本のみならず、国際的な規模で活動していたことを示している。その活動のその豪華さを支えた背景は、黄金だった。

あるいは『古事談』巻二の七十七番目の話に、「源俊明卿が仏像を造ったとき、金箔の料にと、奥州初代清衡から砂金を献ずると申し入れたが、俊明は清衡が朝廷に逆らった者だからゆくゆくは追討すべき人物である、だから献金を受けるわけにはいかない」と断ったという話。

また、巻四の二十五番目の話には、奥州二代目の基衡は自分の家臣の季春が朝廷の陸奥守に処刑される段になったとき、陸奥守に「沙金一万両」を示し、季春の罪を許してもらおうとした。しかし陸奥守は目先の砂金につられることなく事を進めた、という話。

これら『古事談』の話は、奥州藤原氏の初代清衡、二代基衡にかかわる話であり、朝廷側からの視点で語られている。いずれにしても奥州藤原氏は朝廷側との駆け引きに何かというと「黄金」をちらつかせ、平安貴族には影響力が大きかったであろう様子がわかるのである。

四　畿内貴族と「あづま・みちのく」

(一) 平安文学と「あづま・みちのく」

ここでは京都で雅《みやび》な文化を営む平安貴族たちそのものが「みちのく」にあこがれを持っていたことを確認したい。そのことを示すエピソードは多々あるのだが、近代の学者はその部分について深く立ち入ろうとしないで今日まで来てしまった。

承和五年（八三八）、三度目の試みで渡唐することのできた十九回目の遣唐使が、実質最後の遣唐使となり、以降、平安時代は、独自の文化を発展させる時代にはいった。それを国風文化と呼ぶ。

天皇の外戚となった藤原氏を中心とした摂政による政治となり、上層貴族が政権を掌握し、そこから生まれた文化は京都を中心に華麗に展開した。

この平安時代は盛んに文学がつくられた時代で、それを担ったのも上層の貴族たちであり、そこには宮廷勤めをした女官たちが多くあった。その中で上級の女官たちによってつくられた文芸は多種にわたり、それらは女房文学と呼ばれている。

展開した文芸のジャンルも、和歌文学を筆頭に随筆文学、物語文学、説話文学とバラエティに富んでいる。これら文学のつくり手であった、貴族や女房たちは、清少納言を始め多くの人が「あづま・みちのく」、とりわけ「みちのく」との関係を持っていたか、もしくは多くの関心をいだいていた事実がある。

和歌での「歌枕」とは意図的に、あるいはわざわざ地名をからめて歌を詠む、その地名のことである。そしてそれは、一人だけが偶然そこを詠んだのではなく、繰り返し詠まれた地名のことでもある。そしてなぜだろうか、その「歌枕」が「みちのく」に多いのである。

源融も在原業平も藤原実方も「あづま・みちのく」、とりわけ「みちのく」とのかかわりを多く持った人たちである。なかでも源融と在原業平は単なる貴族というのではなく、時の天皇の子、または孫に当たる。この二人もみちのくの歌枕を詠みこんでいる。

女房文学の担い手の代表である小野小町も、紫式部も、清少納言もみな「みちのく」とかかわりが深かったか、あるいは、強く関心を持った人たちだった。

このように平安の貴族たちが「あづま・みちのく」について大きな関心を持った事実があるのに、近代の学者たちはそれを「見ていても見えない、あるいは始めから見ようともしない」というパターンが、この古典文学の研究分野に共通してある。

ところで、学者間において、例えば考古学などでは、研究の縛りが多く、実体論は言えず、その代わりに遺跡の地域性の意味より出土品の形態などに神経を使い「この壺の型式は○○でその内のA型、B型……である」などと形態論のなかに沈潜していた。文学では研究の正しいあり方は「政治」や「経済」にからむような分析は俗事として避け、「描写」「感情の機微」等に注目して、作品の情緒性などからの解釈に意識を注いだのだった。

　またそれに加えて歴史学のなかでは文芸学の部門には踏み込むな、歴史学者は文芸論を語るなということで歴史学と文芸学は相容れないものとして互いの分野を守ることに腐心したのであった。そして「あづま・みちのく」にかかわる歴史学、文学は最も強くこの縛りの中に置かれていたのではないか、そんな要素も見えてくる。

1　文芸の担い手たちの「あづま・みちのく」

『源平盛衰記』に小松内府重盛（清盛の嫡男）の病による最期を語る部分、「育王山に金を送る事」という話がある。それは重盛が中国の浙江省の育王山に、これまでも「気仙郡よりの金三千両をさし上げていた」とあって、さらに「今回は二千両増やして自分の菩提を弔《とむら》わせるように」と希望したという話である。この気仙郡というのは東大寺大仏建立の時の黄金の産地とされる涌谷町黄金迫の遠田郡と隣接したところである。

　こうした「みちのく」の「黄金」にからんだエピソードはその他、鎌倉時代の『吾妻鏡』『古事談』などにもある。これらを総合すれば、源義経を奥州へ案内した「金売りの吉次」の話も単なる説話、取るに足りない話、とかたづけられない時代背景が反映していたことになるのである。

　これは、平安時代のあの豪華な雅《みやび》の世界が、かなり「あづま・みちのく」によって支えられていた事実があったということを意味するもので、以下に見る事例は「歴史」部門ではなく「文学」の世界での人物エピソードとして語られることは多々あったのであるが、近・現代の歴史学上での「みちのく論」での検討事項からはずされていたのだった。

①源融と「塩竈の浜」

目の前に見ていても見えない、あるいは始めから見ようとしない、そういう近代歴史学での「みちのく」の問題に最も象徴的な形だった人物が源融《みなもとのとおる》である。

源融は紫式部の著した『源氏物語』の主人公光源氏のモデルであろうとされる幾人かの人物の代表である。嵯峨天皇の皇子だが、皇位の継承をせず、承和五年（八三八）に源姓を賜って臣籍に降下し、貞観十四年（八七二）に政治中枢の左大臣にまでなった。『古今和歌集』や『百人一首』の、

みちのくの　しのぶもぢずり　誰ゆゑに　乱れそめにし　われならなくに
（乱れ染めで名の知れたこの信夫《しのぶ》ではないが、私の心はみだれそめています。他でもないあなたのために）

の歌で知られているように「みちのく」と深くかかわっている。（「乱れそめにし」は古今集には「乱れむと思ふ」とある）。

京都下京区の河原町通りと五条通りの交わるあたりに本塩竈町がある。現在この地に本覚寺があるが、ここは源融が営んだ河原院（または六条院）の跡で、庭園の池に鴨川の水を引き、その池をみちのくの塩竈の浦に見立てたという。また、難波の海から海水を運ばせ、塩を焼く煙の風情を楽しんだともいう。

晩年、融は陽成天皇の後を受けて皇位への意志を示すが、藤原基経との争いで敗れ、皇位につくことなく七十四歳の生涯を閉じた。生存中はこの河原院だけでなく、宇治の地にのちに平等院となる別荘を営んだ。あるいは嵯峨野の清涼寺は「嵯峨の釈迦堂」と呼ばれて、融の山荘棲霞観《せいかかん》のあったところであり、この清涼寺には融の墓も残る。

では源融は河原院になぜみちのくの塩竈《しおがま》の浦を模した池をつくったのか。彼の伝記には一般には解説されていない。ところで塩竈は「塩竈の浦」「千賀の浦」などと詠まれる歌枕であるが、この周辺は鉱物資源の豊富なことにあわせて、名の通り「塩の産地」でもあった。

紫式部の個人歌集『紫式部集』にも、

見し人の　煙となりし夕べより　名ぞむつましき　塩釜の浦

とあり、親しい人を亡くしたときの歌であるが、平安貴族にとって「塩釜の煙」は偶然の風景なのではなく、こうして口をついて出るほどに親しい地名だったことがわかる。

②在原業平と「あづまくだり」

明治以降の「謎」と片付けて深入りしなかった代表的な人物に在原業平《ありわらのなりひら》がある。

この在原業平を検討をするとき、「東下りの謎」と近代人が表現した意味が何であったのか、そのことの吟味は、決して小さなものではないはずだ。「身を要なきもの」と思いなしたと語る『伊勢物語』の作者のポーズにだまされてはならない。そのポーズの裏に暗示しているもの、真実言いたかったことの意図は、何かをわれわれは見極めなければならない。

「身を要なきもの」と表現する「要なき」の表現の裏に何があるか、実は「謎」と思いこんでいるのは近代のわれわれだけなのだ。これが書かれた当時の人々にとって「あづまくだり」が何を意味しているかは、明白なことで、「黄金の調達に」などは「言わずもがな」なことだったのである。この表現につまずいてしまったのか、現在の学問は明快な形でこの部分に立ち入ろうはとしない。

また同様な「謎」は平城天皇の第一皇子の阿保親王にもある。上皇となっていた父親の重祚を望んで藤原仲成と結び、薬子の乱に加わるが、失敗に終わってしまう。ここに貴種流離《きしゅりゅうり》の第一歩が始まるのである。

死は免れたものの、太宰権師として左遷され、その子供たちは臣籍に降下されて、仲平、行平、業平、守平は「在原」の姓を名のる。その一方で貴種である阿保親王《あぼしんのう》には上総や上野の太守《たいしゅ》としての名が残っている。天長三年（八二六）以降、上総、常陸、上野の三国に関して、国司は親王が就任すべき国と定められたものである。そしてこの阿保親王の末裔が武蔵七党の丹党《たんのとう》の阿保（安保）氏といわれる。業平のあづまくだりも、現在ではこれらと関係あるはずだという視点がない。ちなみに「丹党」の丹は「水銀」を意味する。

③秋田美人小野小町のこと

多くの「謎」に包まれてる六歌仙のなかでも、小野小町ほど多くの人が語り、かつそれでいながら実像のはっきりしない人物はいない。実像の小町の資料はごくわずかで、伝承に満ちている。『後撰和歌集』の数首は本人の実作であるかどうかさえ疑問視され、『古今和歌集』に出てくる十八首の歌のみが本人を知る最大の手がかりである。

それ以外に小町を語るものは説話のたぐいとなってしまう。実はここに残っている「謎」についても平安時代当時の人にとってはわざわざ踏み込まなくても何らかの意味はわかっていたのだろう。わからないでいるのは「近、現代人」だけなのではないだろうか。

もっとも頼りとするべき『古今和歌集』においても、その仮名序のなかで、「小野小町は、いにしへの衣通姫《そとおりひめ》の流なり。あはれなるやうにて、つよからず。いはば、よき女の悩めるところあるに似たり」とあり、これはその後さまざまに展開してゆく小町伝承の端緒となっている。

美しさが衣を通してかがやいていたというほどの、絶世の美女である衣通姫伝承であるが、小町はこの後裔であるかのように言われる。これを受けて平安末期の『古今和歌集目録』のなかに「出羽国郡司の女《むすめ》、或は云ふ、母は衣通姫なりと云々」と書かれている。

衣通姫は『日本書紀』のなかで允恭天皇（父仁徳天皇、母は磐之媛）の妃として語られる人物で一般に小町の時代より四百年も前の人と編年されており、母親が衣通姫ではあり得ないのだが、『古今和歌集目録』編纂当時の事情はどうだったのか。

近、現代の学者がこの「怪」に深入りしてしまうことは「文学理解」の域を超えるとの制約を受けて「謎」という表現で思考を停止するのである。

小町の伝説は東北、とりわけ秋田県に出生伝説が色濃く残っている。その伝承の小町は「小野姓」であるが、この小野氏はもともと東北地方とのかかわりは深い。『群書類従』の「小野氏系図」によると、

小野篁、陸奥守。小野永見、陸奥介、征夷副将。小野滝雄、出羽守。小野峰守、陸奥守。小野良実、出羽守。

とあって、これは小町伝承が東北に根強いことにも関係があるはずである。

当時粛正の嵐にさらされた蔵人頭だった桓武天皇の孫である良岑宗貞《よしみねのむねさだ》は、わが身の危険を感じて仁明天皇の葬儀の後、宮中から逃亡した。その後、彼の名は世間に僧正遍昭として知られることになるが、小町と宗貞（僧正遍昭）とは旧知の仲だったようだ。

天つ風　雲の通ひ路ふきとぢよ　乙女の姿　しばしとどめん

という遍昭の歌は有名である。

ところで、小町はあまりにも美人と伝えられた反動からか、その晩年の姿は悲惨な形で伝えられている。『群書類従』文筆部に収められている『玉造小町壮衰書』は空海の作と伝えられている。この空海説は疑わしいとしても、平安時代の中期頃までには成立した話と考えられており、「やつれ、痩せ、頭はボサボサ、肌はガサガサ、……足は萎《な》え……」と、小町が年老いて老残の身を野にさらす悲惨な晩年を描写している。これを受けてか謡曲の「関寺小町」「鸚鵡小町」「卒塔婆《そとば》小町」での小町は、それぞれみすぼらしい老女の姿で登場し、この伝承の多くが、山岳修験道の活動とともに広まっている。

この「老衰した小町」の姿は、各地の山岳修験とかかわる「山姥《やまんば》」の姿とダブってくる。しかも小野氏にかかわる伝承の地にはよく小野神社があって、またそこに猿丸太夫の伝承が絡んでいることも多い。そしてそれには朝日長者の子、朝日姫の話がセットになっていたりする。日光の二荒山の神主は小野氏であり、猿丸の子孫だと伝承され、そこにある像で女体の方は東北の各地に伝承のある朝日姫であるという。朝日は夕日とセットになって「朝日、夕日長者」の話につながり、「朝日さす夕日かがやく樹のもとに　黄金千両漆万杯」などの歌が伝えられ、この話の背後には鉱山開発の状況や金銀財宝の埋蔵などのことと関係づけられた話となっている。

④紫式部も憧れた「みちのく紙」

紫式部の個人の歌を集めた『紫式部集』に「陸奥に名あるところどころ書いたる絵を見て」

とある。これによると「みちのく」の名所を集めた「歌枕めぐり」といった内容の画集があったのか、紫式部がそういう画集に関心を示していたらしいことがわかる。

京都の天神川は西京極の近くで桂川に注ぐ。この川は紙屋川とも呼ばれていた。当時、紙は貴重品で、奈良時代より朝廷の管理する工業技術であり、紙屋紙と呼ばれて貴族たちの「みやび」な生活を支えていたのである。ところが、この紙屋紙の名をも超える紙が、平安貴族の生活のなかに入ってきた。みちのくに産する檀《まゆみ》の樹皮を原料とした「みちのくまゆみ紙」などともいわれた紙である。

この「みちのく紙」は都人の心をとらえ、和歌や大事な玉章《たまずさ》（手紙、たより）にはこの紙を用いたのである。そのために京での伝統だった「紙屋紙」はすたれていったともいわれる。おそらく紫式部自身が、この紙に手紙をしたためたのであろう。『源氏物語』の末摘花をはじめ十にもおよぶ段の中に「みちのく紙」として、この紙の名が出てくる。

紫式部はみずからの書いた小説に、日常のそうした生活を反映させていた。たとえば「賢《さか》木《き》」の巻には「みちのく紙に、うちとけ、かき給へるさへぞ、めでたき」などとある。

紫式部のライバルであった清少納言も「白く清げなるみちのく紙に」といった形で、『枕草子』のなかに「みちのく紙」を登場させている。この「みちのく紙」についての評判は江戸時代頃まで続いていたようである。

源融の塩釜の浦の件をはじめ、この「みちのく紙」にしても、平安文学に「みやこ人がみちのくにあこがれていた」などという理解のもとでの踏み込んだ解説、註釈は近代の国文学の注釈書等ではほとんど見られず、あっても通り一遍である。みちのくは明治以降近代の人にとって「未開の蝦夷」でなければならなかったからである。ここでも「目の前に見ていても見えない、あるいは見ようとしない」という近代での「みちのく」の問題が、平安文学への追究の浅さにつながるといった形でもクローズアップされてくるのである。

「みちのくの文化」のすばらしさを知らなかったのは奈良時代や平安時代の人、あるいは江戸時代の人たちなのではない。どうも近代人だけにあった特徴だった可能性がある。これら様々な「不明」を近代から引き続いて現代もなお「謎だね」、と言って放置してしまっていてはならないだろう。

2 「あづま・みちのく」と平安貴族のエピソード

『源平盛衰記』内の一挿話「笠島道祖神の事」

ここで平安時代の貴族が「みちのく」に強い関心を抱いていた事実があったこと、そしてその関心の背景にみちのくの鉄や黄金のことが絡んでいたのではないか、そう思われることについてさらに検討してみたい。

私がそんなことを思ったのは「文覚、頼朝、義経」のことを検討している中で気になりはじめたことだった。

『源平盛衰記』での「登《と》、巻第七」の中に「笠島道祖神の事」との小見出しのついた話が気になった。ここに登場する人物は源氏、平氏がせめぎ合うことになる少し前の平安時代中期に実在した。

それは宮中で不始末をおかしてしまった藤原実方が時の一条天皇から「歌枕探して参れ」といわれてみちのくに出かけ名取郡の笠島道祖神の前で落馬が原因で亡くなり、魂が雀になって京に帰った、という「笠島道祖神の事」と見出しに付けられた話なのである。

時代の違うエピソードがなぜここ『源平盛衰記』に挿入されているのかについてフト疑問を感じ、しかも話の中心人物が「みちのくから雀になって京に帰ってくる」という意表を衝いた内容でもあったからだ。

よくよく調べてみると、一条天皇の時代に藤原実方は『枕草子』で知られた清少納言と恋仲であり、清少納言が「みちのく」に赴く実方をつらい思いで見送った事実があったことがわかり、『源平盛衰記』の「笠島道祖神の事」の挿話とがこの事実とドッキングしてくることを知った。清少納言の『枕草子』といえばあまりにもよく知られている。ところがこの清少納言と藤原実方なる貴族が恋しあう仲だったということはほとんど知られてはいないだろう。

それにしても実方が「雀になって京に帰る」というのはさすがに現実としてはあり得ず、この部分が「かたり事（何かを表現するために意表を衝いた作り話にする）」なのではないか、私はいろいろ調べる中でそんなことを考えながらまとめた。それが「『みちのく伝承』――実方中将と清少納言の恋」（一九九一年、彩流社刊）である。つまり「かたり事」の意味を解くことがこのときのテーマだった。

ではこの「かたり事」がなぜ『源平盛衰記』に挿入されているのか。私はあらためてこのたびここでこの挿話が『源平盛衰記』の編者、作者の意図に「平安中期、みちのく」として重要テーマであったことを思いここに二つの視点を設定した。

①平安時代の貴族は先の時代の奈良の大仏が「みちのくの金で荘厳された」、そのことの意味の大きさについて関心を持っていた、という事実の確認。

②実方の魂が「雀」になったという「かたり事」によって「雀」に象徴される「平安貴族の関心事」をこの『源平盛衰記』の中に暗示した。

つまり挿話の出来た背景には、当時の平安貴族にとって平常の生活の中で「みちのく」は重大だった。そのことを先に序章で指摘したように「歴史記録」的な意識を持っていた『源平盛衰記』の作者（編者）は『平家物語』以上にこの「みちのく」を基本的な意図の表明にもつながる重要な部分だ、と主張していたのではないか。以下、そのことについて確認したい。

「かたり事」の意味――『みちのく伝承――実方中将と清少納言の恋』より

さてここで拙著『みちのく伝承――実方中将と清少納言の恋』（彩流社刊、一九九二）の引用によって「かたり事」の意味をたどってみたい。

『枕草子』は……筆者である清少納言と藤原実方との深い関係のなかで成立していたのである。

かくとだに　えやは伊吹きのさしも草　さしもしらじな　燃ゆるおもひを

実方は、百人一首の右の歌で知られている。この実方の歌と対になる清少納言の歌が『枕草子』の最後に近い三〇〇段（伝本によって段数が異なる）あたりに載せられている。

思ひだに　かからぬ山のさせもぐさ　たれかいぶきの　さとはつげしぞ

これは清少納言自身の歌である。一見して二つの歌がセットのものであることがわかる。この二つの歌は当時の二人の関係から見て贈答歌であったとみてよかろう。……つまり『枕草子』には直接書かれていないように見えるが、克明に内容を検討すると「みちのく」にかかわる随筆でもあったことがわかるのである。なお、清少納言は前九年の役に安倍氏と戦った出羽の豪族清原武則と系図的につながるとの説もある。

藤原実方と「みちのく」

雀になった藤原実方　藤原実方は……官職が中将だったことで実方中将の名で語られて

いる。『日本紀略』には藤原実方朝臣が長徳元年（九九五）九月二十七日に陸奥守としてみちのくへ赴任したとある。このように公の記録では陸奥守としての赴任なのだが、『源平盛衰記』が伝える話では実方中将は宮中で詠んだ、

　　桜狩り　雨は降りきぬ同じくは　ぬるとも花の陰に　宿らむ

の歌をめぐって藤原行成といさかいし、そのことがもとで天皇の怒りに合って「みちのく」へ左遷された話となっている。時の一条天皇から「歌枕さがしてまいれ」と命じられてのみちのくへの赴任であった。

　数年現地にとどまり、歌枕の地をめぐった。……名取の笠島道祖神の前を乗馬のまま行き過ぎようとした。そのとき、土地の人が「下馬して通りなされと」制止したのだが無視した。すると、中将は落馬してしまい、そのことが原因で命を落としたので

笠島道祖神

あった。

みちのくの　阿古耶の松を尋ねわび　身は朽ち人と　なるぞ悲しき

と痛恨の辞世を残し、帰らぬ人となったのは長徳四（九九八）年一一月一三日、と伝えられている。『源平盛衰記』はその話の末尾に中将の魂が「すずめ」になって京都へ帰ったという奇妙な話をつけ加えている。この「歌枕をさがしてまいれ」というのは、さらにまた、「その魂はすずめになって京都へ帰った」というのは、どういう意味なのだろう。

……角川源義が『歌枕考』のなかで、

歌枕と云えば、優雅な宮廷貴族の閑事業のように思われるだろうが、これには蝦夷征討の軍事的、政治史的考察を見落としては、その研究もそれこそ大学研究室の閑事業となってしまう。

と述べている。つまり、「歌枕」とは和歌のみやびなどといった問題なのではなく、その裏にある軍事的、政治的な問題を見落としてはならない、といっているのである。そして、これに加えて「雀になって京へかえった」というのも、これを読んだだけでは、ここにもある謎掛けの意味が見えてこない。

雀とササと鉄

人間が雀になってしまった、というのは随分意表を突いた話だが、ここにはどんな意味が語りこまれているのであろう。

実方伝承を伝える京都の更雀寺は、繁華な四条大宮にあったのだが、現在は京都市左京区の郊外に移っている。現在の寺のすぐ近くに針神社があって金山彦を祀っている。これはおもしろいことだと思った。針神社と隣りあわせになったのは偶然なのだが、「雀」には錬金術にかかわる象徴的な意味があって、金属精錬にかかわる寓意があるのではないかと思う。

雀が登場するお伽ばなし、昔ばなしといったものの多くが、金属精錬という観点から理解しなおすことができ、この「実方中将と雀」の話もそういう観点から考えてみるべき寓意のこもった話であると考えられる。金属の開発や精錬に係わる歴史は、世界中のどの国においても、多くは歴史学の正面には表れず、秘されるという傾向にあった。……

鉱物資源の探索は、奈良時代からおこなわれ、平安時代を経て中世にかけて、密教とそれに付随する修験道が支えて、江戸時代まで続いた。その密教は神仏習合して展開していたために明治の神仏分離、廃仏毀釈によって本質が失われた。修験道という宗教活動も明治に禁じられ、金属探査は宗教活動から分離させられたのである。

中世の後半期から近世にかけて、お伽ばなしは多く語られるようになっていった。「お伽」は、夜を通して語る「夜伽《よとぎ》」で、戦国の頃には、権力者の身辺にはべって、いろいろな情報を語り聞かせることが夜伽の本来の姿だった。また、そのような役割の人を「夜伽衆」または「お伽衆」といい、多様な職業の人たちで、もっとも多かったのは、山の開発を続けている技術の集団でもあった密教の僧侶や、山伏ともよばれる修験の導師らとの架橋役を担う僧形の連絡員たちだった。

この「夜伽」「お伽」が、のちに子どもに語って聞かせる「おとぎばなし」に変化していくのであるが、子ども向けの話になっても情報を聞かせるための話の痕跡は十分に残っていた。

「桃太郎」「かちかち山」「さるかに合戦」などがそれである。そうした話の中にある「舌切り雀」の話が「実方が雀になった」と語る内容とかかわりを持ってくる。

子供むけおとぎばなしの「舌切り雀」の古い形は鎌倉時代中期に成立していた『宇治拾遺集』にある「雀恩を報ゆる事」がその大本である。

その内容は、

怪我をした雀を助けた優しい老婆のもとにその雀が瓢箪の種を落として行った。それを植えてみると変わった瓢箪がなり、そのなかから白米が出てきた。以来そのお婆さんは裕福になる。その隣のお婆さんがそれを聞いて羨み、石を投げてわざわざ怪我をさせた雀を飼って放してみると、やはり瓢箪の種を運んできた。その種からできた瓢箪をあけてみるとなかから「虻、蜂、むかで、とかげ、蛇」が出て刺し殺されてしまった。

という話で、この話の「雀」についても鉄や黄金など鉱物資源を暗示していた。「雀」を「ササ」と読ませる例があり、「ササ」という音が砂鉄のことを意味するのではないかと思われる。

鳥取県日野市の日野川は弓ヶ浜に豊富な砂鉄を運んだ。このあたりは古代の製鉄の様子を伝える伝承に富んでいる。この日野川の上流、中流、下流にそれぞれ楽々福《ささふく》大社があり、いずれも鍛冶神であるとされる片目の神の伝承を持っている。この「楽々《ささ》」を砂鉄、「福」は「吹く」の意味で、砂鉄を吹く、という意味なのではないか。

兵庫県には楽庭明神があり、楽々浦《ささうら》という地名があって、それぞれ砂鉄の産地だとか、銀山だとかいわれている。楽波《ささなみ》の志賀も同じように金属とのかかわりが古くから語られている。そして、丹波「篠山《さこやま》も、まさに金属鉱脈のまっただなかの地名である。その北に位置する福知山市には雀部という地名があって読みは「ササベ」である。

宗教の世界で見ると密教や修験道にも、その背景に金属と不老長寿の問題が色濃く秘められている。こちらは所作や呪文などのなかに「語りごと」されており、西洋の錬金術がそうであったように、その背後に持っている奥義の伝達は、秘され、一般には近かづきにくいようになっている。「語りごと」とは「ものがたり」の意味でもあった。

　金属精錬の技術は一歩誤ると鉱毒、公害を起こして人間に対して害毒となる。スサノオが青山を涸山にしたり、ヤマトタケルが伊吹山の毒気にあたって立ち上がれなくなった話以来、神話に、伝承に、さらには近、現代の歴史のなかに数々例を見ることができる。

　「虻」「蜂」「むかで」「蛇」は、これらの伝承のなかによく見るムシたちであるが、時には人に役立ち、時には悪さをし、そしてたがいが闘い合う姿で登場したりするこれらは金属の発見をめぐって、その利権がどこに帰属するかの象徴であろう。これらの「ムシ」たちの争いはそのまま戦国時代の国盗り合戦として、現実の歴史のなかで展開した。みちのくでは伊達家と上杉家がそれぞれ家紋に「雀」をあしらっている。

（以上引用『「みちのく伝承」実方中将と清少納言の恋』（一九九一年、彩流社刊）より）

上杉家の幕紋（根竹ニ飛雀）

上杉家の家紋（竹ニ飛雀）

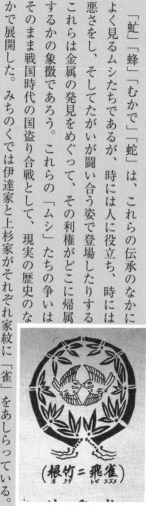

（二）『源平盛衰記』の語る「みちのく」

私は『平家物語』と比べて『源平盛衰記』が現在の出版世界で疎んじられている現実を見るが、このことによって何が不明になったかをまだ述べきっていない。

書名を一目見て『源平盛衰記』は形の上では「源氏」と「平氏」の興亡の様子を述べたということらしいと、理解する。ところが各章の「小見出し」を見ると、全体を通しての内容展開は源氏側の「興隆史」とでも言うのがふさわしいことがわかる。これが序章でも述べた『平家物語』との大きな違いと言える。そしてその源氏が興隆していく歴史を動かしたのが僧侶「文覚」なのである。それは『源平盛衰記』の内容展開を確認することによって明確に見えてくる。

私個人のことを申し上げると、「頼朝と大姫」なるテーマでまとめたいという「想」があって『平家物語』を改めて読んだ時期があった。ところがこの求めているテーマを確認するには『源平盛衰記』をも見なければ、という思いが次第に強くなった。いよいよ『源平盛衰記』を手みぢかに置きたいと思ったのだが、しかしこれが非常に困難だった。今はインターネットがあるが、今から四十年ほど前は、その願いは決してたやすいものではなかった。そんなとき一九八〇年代の頃、東京神田神保町の古本市で戦前に刊行された「國民圖書株式會社」刊の「日本文学大系」という古典全集が並んでおり、『源平盛衰記』（上、下）を手に入れることができたのだった。まるでタイミングは偶然だったが、こうして出会えた『源平盛衰記』を通してその後の私の人生をも変えた「文覚」の存在意味を改めて理解することが出来たのだった。

つまり私の「頼朝」にかかわる関心は、『源平盛衰記』との出会い以降単なる源平合戦というより「文覚」に移ったのであった。そしてその後、これが私の最初の著書『文覚上人一代記』上梓のきっかけとなったのである。

1 袈裟と盛遠「恋塚物語」

私は『平家物語』にはない『源平盛衰記』の語る袈裟御前と遠藤盛遠という若い男の話に引き込まれたのであった。この遠藤盛遠は図らずもこの袈裟御前をあやめてしまい、そのことを悔いて出家し、「文覚」と名を変えることになる。

さてこの盛遠（文覚）はいろいろな資料によって実在は証明できるのであるが、袈裟御前についての実在はなかなか証明することはむずかしい。『源平盛衰記』の語り口をみると出家した後の文覚の事に対して袈裟御前との話の部分はどうしても作るために作られた〝お話〟という印象が強い。

現に『源平盛衰記』にはこの話の中の挿話として中国の「東帰節女」の話を併せて紹介している。つまり.「袈裟と盛遠」のお話は、この「東帰節女」がもとの話なんですと教えてくれているのである。ただこれは近代的歴史学での「歴史考証」＝「論文」という概念のなかった時代なりの「歴史書」という意識での挿入であると見る。

私はこの本「序章」（87ページ）の部分で『源平盛衰記』について、

『平家物語』ではまだ表現し切れていない。その足りない部分を『源平盛衰記』は「物語」ではなく「歴史書」としての意識の持てる「文字立てで編もう」、ということになったのではないか。


と述べた。

「かたり事」の中にこめた真実、という方法論はあり、そういう意味で『平家物語』以上に『源平盛衰記』は「歴史書」なのだと思う。それというのも袈裟御前の本当の名は「あづま」であり、母親は「みちのくの衣川」に嫁に行ったので通称が「衣川」であり、この「衣」にちなんでこの娘の通称が「袈裟」となった、と語るのである。これは作者の重大な「かたり事」であって、この娘との絡みで盛遠が僧侶文覚として登場することになる。その文覚が説得し、「みちのく」を制圧した頼朝が「征夷大将軍」となっていくのである。

つまり「源平譚」はこの「かたり事」の中で「みちのく」こそが鎌倉史における「要《かなめ》」なのだということをいみじくも語っているということになるのである。

2 「文覚上人」と「みちのく」のこと

最初の著書『文覚上人一代記』が世に出て間もなく、東北の方から「私は文覚の末裔である」という意味のお手紙を戴き、以来全くうかつに過ぎていた「文覚とみちのく」の問題が、私の目の前に出てくることになったのだった。その頃は当然『源平盛衰記』を読んでいて「袈裟と盛遠」の話も知ってはいながら「みちのく」に関しては「京都の女性がみちのくに嫁に行った」という話そのものに違和感を感じていた程度の一般的な関心の中にあるだけのことだった。

私は手にした手紙によってうながされ、これまでの単なる観光旅行としてではなくみちのくを訪問した。そして、さまざまな新しい発見をすることになった。それは私の理解していた鎌倉幕府成立史での「近代人の常識」とは全く違う「日本の歴史展開の真実への道」というものであった。これまで自分が得ていたみちのくへの「常識」とは「未開の地、みちのく」に過ぎなかったのだが、それはどうも戦前、つまりわが国の近代が意図的にある部分を消し、一方で捏造さえしたということによって方向づけられ、戦後がなおそれを煽った知識だったのであった。

既に平安貴族達にも関心を持たれていた「あづま、みちのく」に関して、明治維新以降に展開された「国史」では無視され、ゆがんでいったのである。そのパターンは「東国」にもあったが「みちのく」はより強烈であった。この「みちのく」の件などについては「明治時代」以降（近、現代）よりも江戸以前のほうが遙かに明確な視点を持っていたという事実がある。

　私はこのように偶然にも「文覚」という僧侶に関心を持って調べることになって、それまで持っていなかった発想の中で、わが国の歴史、ひいては「国の歴史における東国及びみちのく」の問題が大きくなり、かつそこから派生する「日本史」、さらにはその日本史での「古代」というものが大きく私の意識の中にクローズアップされてきたのであった。

　そんな事実認識の中で私は先に述べた『みちのく伝承――実方中将と清少納言の恋』を著すきっかけを得、これを経て、『鎌倉史の謎』『「鎌倉史」発見』などの鎌倉もの、『文覚上人の軌跡』『「濃尾秘史」文覚上人と大威徳寺』という文覚ものなどを生むことにもなって行く。それがさらに「意図的に抑えられてしまった古代史」「捨てられた歴史」という共通認識のもとで「古墳」が私の意識を捉え、一連の古墳探訪物の出版を経てさらに『古墳が語る古代史の「虚」』等々がうまれ、一見個々的には「異質なテーマ」でありながら実は「同一視点で捉えるべき」という「私の歴史探究」となってこの本を纏める上で、その序章という形で広がり、この第一章を経てつぎの第二章、終章となっていったのだった。

第二章　頼朝と清和源氏――「鎌倉史」始動

一　「鎌倉幕府」草創への道のり

（一）「みちのく」で栄えた藤原三代

平泉文化の栄華

清衡、基衡、秀衡の三代によって築かれた奥州の藤原文化は、中央の文化を模倣しながらも、京にはない黄金や、北のルートを経てもたらされた大陸につながる文化を受け入れて、九・十世紀頃は独特の華やかさに満ちていた。

その繁栄ぶりを『吾妻鏡』では、現在の福島県にある白河の関から、青森県の外が浜に到る二十日間ほどの道の辺の一町ごとに笠卒塔婆《かさそとうば》を立てたと書いている。そして、卒塔婆の面には金色の阿彌陀像の絵を配し、旅人往還の道だとしたのである。

頼朝は、平家を西海に沈める際は加わらなかった大軍の先頭に立って、このような平泉のたたずまいをじかに自分の目で確認するのが目的であるかのように、平泉に乗り込んでいる。そ

こで見たものは……。『吾妻鏡』には中尊寺や毛越寺の華麗さを、

中尊寺の事　寺塔四十余宇、禅坊三百余宇、……釋迦堂に一百余の金の釈迦像をおさめた。諸堂の諸佛は木像で、皆金色。次に二階大堂〔大長寿院。本尊は金色彌陀像、脇士九体〕、次に金色堂〔上下の四壁内殿皆金色なり、堂内に三壇を構え、全て螺鈿。阿彌陀三尊、二天、六地藏、は仏師定朝の作〕、鎮守は即ち南方に日吉社、北方に白山宮を勧請す……（『吾妻鏡』の意訳）

毛越寺の事　堂塔四十余宇、禅房五百余宇なり、基衡が建立した。金堂に金銀をちりばめ、紫檀、赤木等を繼いで、多くの宝を尽くす。（『吾妻鏡』の意訳）

と述べている。

（二）白山信仰の広がり

1　藤原秀衡と白山信仰

泰澄に始まった白山信仰については既に述べたが、その後の展開をしばらく追ってみたい。

「白山」と「みちのく」のことについて、民俗学者であり、地名の研究家である谷川健一は『白鳥伝説』のなかで昭和五十九年（一九八四）十二月十九日の「毎日新聞」東北版に載った記事のことについて語っている。新聞記事は藤原秀衡の寄進した虚空蔵菩薩像が岐阜県郡上郡白鳥町石徹白《いとしろ》の白山中居神社に安置されていることを報じたものである。

そのなかでとりわけ「加賀の白山本宮に奥州の秀衡が五尺の金銅仏像を鋳造して奉納した」とある『白山之記』の記録と、この新聞報道をセットで考えたとき、意味は大きいという。

それというのもこの長寛二年（一一六四）に成立したと考えられている『白山之記』は、その内容が奥州藤原氏の秀衡が熱烈な白山信仰を抱いていたことを示すものであるのだが、事実かどうかは疑問視されてこれまで来ていた。

白山仲居神社の社伝によれば、秀衡が白山信仰に熱心だったのはおよそ八〇〇年ほど前の元暦元年（一一八四）頃のことで、一説では白山中居神社のほか、越前の白山中宮平泉寺にも寄進していたということである。

つまり、この新聞記事はこれまであまり明かされることのなかった白山の諸山側と奥州の藤原氏側とが、相当行き来をしていたという明確な史料の確認ということになる。もしこれが信憑性を持つとすれば、白山にかかわる福井県勝山市の「平泉寺」という寺の名と、中尊寺のある「平泉町」との名前の類似についても、何かこのあたりとかかわるのではないかということになり、そんな可能性のあることを谷川健一も述べている。

奥州平泉の中尊寺は長治二年（一一〇五）に建立が開始されている。創建の願主は藤原清衡で、金堂が成ったのは天治二年（一一二五）であった。

中尊寺の金色堂をさらに奥に行って境内の最も奥まったところに立派な能舞台がある。ここはかつての白山神社だったところである。今でこそ能舞台は中尊寺の境内に付随した建造物と見えるが、ここにもともとあった白山神社は中尊寺の創建より早い嘉祥二年（八四九）、仁明天皇の時代、一関の磐井川の上流（現在の一関市本寺）に加賀の一の宮（現在の石川県の白山本宮）から神霊を慈覚大師が分霊したものである。中尊寺のこの丘の上に白山神社が改めて移動したのがいつのことかはっきりしないが、中尊寺創建以前にはここにあったもので、中尊寺はその白山神社の拡張を図るようにして伽藍を構成していったのであろうと思われる。

現在能楽堂となっている白山神社の跡は丘陵部の先端であり、ここから北側の平野に北上川に注ぐ衣川を見下ろすことができ、そのあたり一帯の平野は衣川と呼ばれ、前九年、後三年の役などともかかわるみちのくの古代を考える上で、重要な地域である。そこを一望できる中尊寺のある丘陵は、景勝地であることだけでなく戦略的にも重要な場所でもあった。

中尊寺の北端から見下ろす衣川地区にある長者原廃寺跡は金売り吉次の屋敷跡と伝承されてきたもので、ここ中尊寺丘陵部を含めて、この衣川地区は元々豪族安倍氏の本拠地で、その遺跡群が発掘などにより寺院様式を持った安倍氏の壮大な屋敷跡であったらしいこともわかってきた。

加賀白山の本宮の宗教活動は北陸を中心に展開し、みちのくと交流はしていたが、中央の平安京政権と結びついたのは、本宮側の史料によれば久安三年（一一四七）比叡山の末となってからであって、それはみちのくで慈覚大師が一連の活動をしていた頃より二五〇年も後のことであった。奥州藤原氏初代清衡が中尊寺を建立した時より四〇年ほどもあとになってからなのである。これらをもとにして考えると、白山の信仰は畿内の政権とは無関係に「みちのく」こそ重要な活動の場として、取り込みつつあったことが分かる。

近ごろ世界遺産となった平泉文化を平安文化のコピーかのように語ろうとする雰囲気が強いが、はたしてそれでいいのかという疑問がわく。近代があえて触れたがらなかったため停滞したままの北陸があり、同様にみちのくの文化があった。この交流は、古代史の重大な空白部分と言えるのだろう。

2　比叡山・鞍馬山と白山

白山の修験においても金属精錬の問題は大きい。

平清盛が久安二年（一一四六）に安芸守となり、その後、保元の乱、平治の乱を経て、平安京において揺るぎない権力を持ちはじめる頃、白山信仰は比叡山に組み込まれることになった。中尊寺建立開始から四十年ののちのことである。

平治の乱の後、鞍馬寺に預けられていた少年遮那王《しゃなおう》（後の義経）は金売り吉次に連れられ奥州に向かったとされる。それは承安四年（一一七四）頃のことであり、奥州の人となった遮那王（源義経）は、その後、三代目の秀衡から将来を嘱望されるほどに成長し、頼朝の平家との合戦に参戦する頃は、奥州文化の後継者との方向性も見えてきていたのであった。平泉三代目の秀衡は四代目を息子の泰衡ではなく義経に託そう、との思いさえもっていたのである。

頼朝の旗揚げを聞いた義経は、兄の計画に自分も参加すべきと思った。しかし秀衡はそれに反対だった。でも、義経の決心は固く、やむなく秀衡は自分の重臣である佐藤兄弟の継信、忠信を従わせ、義経の苦境の際には常に守るようにと命じて同道させている。

源平合戦は壇ノ浦で平氏が亡びて終息した。ところがその後、義経は、兄頼朝に疎まれ吉野山中などをさまよい、その後、再び奥州へ逃れた。『義経記』には源義経が奥州平泉に落ちのびる途中、白山信仰美濃側の拠点の石徹白《いとしろ》を経て越前側拠点である平泉寺に詣でたことが記されている。

これはまだ畿内の文化と十分つながっていなかった白山の拠点を利用して、秀衡が用意した義経逃亡のルートだった。

3　鎌倉北の守りと白山神社

毘沙門天とムカデ

時代が下って鎌倉幕府が成立して以降、白山社は関東一円にも勧請されており、白山社のある周辺には刀鍛冶などの遺跡が多い。これは奥州平泉文化との関係によって生まれた新しい都市「鎌倉」において幕府の経営を支えた武器製造ともからんでいる。その一つの例を鎌倉市内に確認してみよう。

鎌倉市今泉にある白山社は現在今泉寺と白山神社に分かれている。かつて神仏が同時に祀られる神仏習合の神宮寺だったが、明治の神仏分離で仏教を排斥して神社とされた。寺は浄土系や禅宗系になって存続することもあった。ここでは禅宗の今泉寺と白山神社が同一敷地内に残っている珍しい例である。

この白山神社側の社殿には行基菩薩作の毘沙門天像が安置されている。伝承によれば建久二年（一一九一）頼朝が京都の鞍馬寺にあったものをこちらに移したもので、毘沙門天とは仏を四方から守る四天王（持国天、増長天、広目天、多聞天）の内の北を守る多聞天の異名である。

頼朝は幕府の北側に位置するここを、北方守護の聖地とした。おそらく「みちのく文化」を身近にしておきたかったのであろう。

ところで、ここには毘沙門天の使いとされるムカデを社前に飾る珍しい風習が残っている。毘沙門天としては京都の北を守る鞍馬山にある像がよく知られている。その京都の鞍馬でもムカデを大切にする。ムカデは毘沙門天の使いであって、鞍馬へ行くと象徴的な図案としてさまざまなものにムカデが使われている。

ここ鎌倉の白山神社でも正月の八日に氏子が集まって藁でムカデ（はがち）を編み、社前に鳥居のように飾る。日頃は秘仏である毘沙門天像もこの日は拝観できる。なお、ムカデは鉱窟の象徴でもあり、金属文化でのトーテムである。

(三) 桓武平氏と清和源氏の「みちのく」先陣争い

関東経営でつまずいた桓武平氏

①「親王任国」の意味

奈良時代と平安時代を橋渡ししたのが桓武天皇だった。桓武天皇は慈覚大師円仁を前面にすえて、陸奥経営に力を注いだ。そして一方で、宗教政策とは別に関東の地を早めに皇親によって固めて、ここを拠点に「みちのく」をめざそうというものだった。それは親王任国の制度である。

桓武天皇は皇子、皇女に恵まれた。ところが、それらの親王家を維持する財源と官職が不足することになり、その対策として定められたのが天長三年（八二六）に制定された親王任国の制度で、上野国・上総国・常陸国の三国がその任国と定めた。

ただ、この制度の本来の目的は、桓武天皇の描いた陸奥経営に関しての具体的なあらわれだったのではないかと思われる。

天台宗の陸奥への進出をセットにして、桓武天皇は皇子や孫たちを東国に配置して固め、そのことを足がかりにしてみちのく経営を円滑に進めたい、それが構想だったに違いない

その代表が桓武天皇の皇子葛原親王《かずはらしんもう》であった。葛原親王の兄たちに平城天皇、嵯峨天皇がい

る。しかし自分は天皇即位への意志などはなく、みずから親王任国の計画に名のりを上げ、関東へおもむき自分の子（一説には孫）高望王《たかもちおう》を臣籍降下させ「平《たいら》」の姓を得るとともに上総の太守にさせた。

太守というのは親王任国制度によって国守となったときの官職名で、これが関東一円に勢力を張った桓武平氏の始まりだった。

ただ桓武平氏に関していえば、桓武天皇が抱いたであろう関東を足がかりにして「みちのく経営」をはかろうとしたこの夢は実現からはずれていった。

それというのも、関東に根拠地を定めるなかで、桓武平氏の内部で勢力争いが起こってしまったからである。「平将門の乱」（九三九）や「忠常の乱」（一〇二八）などがそれである。とくに忠常の乱は源頼信によって平定されたことによって、この乱以降清和源氏が東国を足場にして「みちのく」にかかわっていくきっかけをつくってしまったのである。

②平忠盛・清盛の復権と失敗

関東での足場の建設に失敗した平氏は、京都に戻って時を待ち、その後、一時期、京都の文化を支えることになり、平忠盛《たいらのただもり》、清盛親子の京都での生活は、華やかなもので、清盛にいたっては「平氏にあらずんば人にあらず」（『平家物語』）と豪語するほどの勢いを持つことになったが、長くはつづかなかった。

これに対して、一歩遅れた形で関東にかかわったのが清和源氏であった。しかも源氏は、平氏が「みちのく」の入り口で止まってしまったのに対し、前九年・後三年のみちのくでの紛争のなかで、しだいにみちのくに足跡を残すことになっていった。

このことによって、「あづま・みちのく」に展開したプレ源平合戦というべき先陣争いは一度は源氏に軍配が上がったのだった。

しかし、これも紆余曲折を経て、都での生活において源氏一統は平清盛に後れをとることになった。平治の乱（一一五九年）で敗れて、源義朝は親子ともども美濃《みの》国へ逃れて死に、頼朝は伊豆に流された。

そして時は移って、頼朝が旗揚げすることによって再び源氏を興そうとの思いの中で「あづま・みちのく」の新しい時代が展開するのである。

二　清和源氏と「みちのく」

平泉の黄金文化は出羽の修験を内に抱えることによって栄えていった。そして、とりわけ、三陸海岸と呼ばれる太平洋に面した地域に産出する黄金は豊かで、奈良の大仏にもたらされたものもこの地域の黄金迫《こがねばさま》に産出したものだった。

これ以外でも、現在の宮城県気仙沼の鹿折金山や本吉町に大谷金山などがあり、これらの金山開発には田束山《たばしねやま》に展開された羽黒修験道による山岳寺院が大きく関わっていたのである。当然これは奥州藤原氏一門と互いに結びついており、その文化を支えていたのだった。

私は、これらの地域に文覚上人にかかわる伝承が広がっていることにも関心がわく。

このような時代の流れの中で、畿内に展開していた貴族社会は末の世の状態になっていた。貴族の腐敗、平氏の横暴、後白河法皇の遊戯三昧と、京《みやこ》の経済は逼迫していく一方だった。そんな中で、伊豆における頼朝の挙兵という時代を変える大きな動きがあった。鎌倉幕府の成立である。その大きな目的を果たした頼朝が第一にこだわったのは「征夷大将軍」の名だった。

だが、後白河法皇は決して頼朝にその名を与えなかった。「征夷大将軍源頼朝」となるには後白河法皇の崩御を待たねばならなかった。崩御を見定めて、新たな意味を持つ「征夷大将軍」がそこに生まれ、こうして初めて「鎌倉幕府」は誕生したのだった。

頼朝以来「将軍」の名は、全くその意味を変えている。それは「江戸幕府」の崩壊まで、独特の政治的な意味を持って展開し続けたのであった。その「将軍」とは「征夷」という修飾語を古来から持っていたことに注意を向けなければならない。「征夷」とは「北の野蛮を征伐する」という意味である。

そして、加えて頼朝の征夷大将軍への道を開いたのが「文覚上人」その人であったこともあわせて忘れてはならないと私は思っている。

（二）清和源氏とは

奥州藤原三代の黄金文化について現在もなお歴史学は、東北に降って湧いたようなあだ花であるかのような扱いで、真実の意味を解明しようとする誠意に欠けた扱いのままである。そして、それがために鎌倉時代という武家政治の成立までのいきさつが日本史の上でどんな意味を持つのかという重大なことまでをも曖昧にさせてしまっている。

そして第一章で触れているように、平安時代の文学の多くが「みちのく」を語り、とりわけ和歌の分野では何と多くの歌枕として「みちのく」が詠まれていることだろう。その事実があるにも拘わらず、近代においては歴史学でも文学研究でもそのことの意味を正面切って論じようとはして来なかった。日本のアカデミズムは互いに申し合わせて、東北文化の持っていた意味の抹殺を図ったかのようでさえある。

坂上田村麻呂に代表される畿内勢力の波状的な蝦夷征伐の実体は何だったのか。源氏一統が活躍した前九年、後三年の役とは一体何だったのか。

すでに述べてきたその問題をここでは、頼朝に到る清和源氏に焦点を当てながら、この清和源氏が「あづま・みちのく」にどのようにかかわっていたのかについて確認してみたい。われわれはここに、「源平合戦」以前に、「あづま・みちのくに」おける「プレ源平合戦」を確認することができる。

源氏は平氏に比して「あづま・みちのく」方面への進出においてすでに遅れをとっていたのだが、平氏が途中東国経営に失敗し、その後の「プレ源平合戦」を通して所期の目的をあきらめ古来の貴族的政治形態に同化するため京へ舞い戻るのである。

▼清和天皇　文徳天皇の崩御の後、第一皇子であった惟喬《これたか》親王を排除して、第四皇子であった惟仁《これひと》親王が帝位に就いた。まだ九歳の幼帝がここに誕生した。清和天皇である。そしてこの外祖父の藤原良房が摂政となった。

▼経基王（六孫王）　清和天皇の六番目の皇子貞純親王の子なので六孫王と呼ばれた。この六孫王は臣籍に降下して源氏姓となり、清和源氏はここに始まった。

経基王は四十五年間の生涯に、天慶二年（九三九）の将門の乱、純友の乱の二つの乱にかかわりを持っている。将門の乱には征東副将軍として、純友の乱においては追捕使として事に当

清和源氏系図

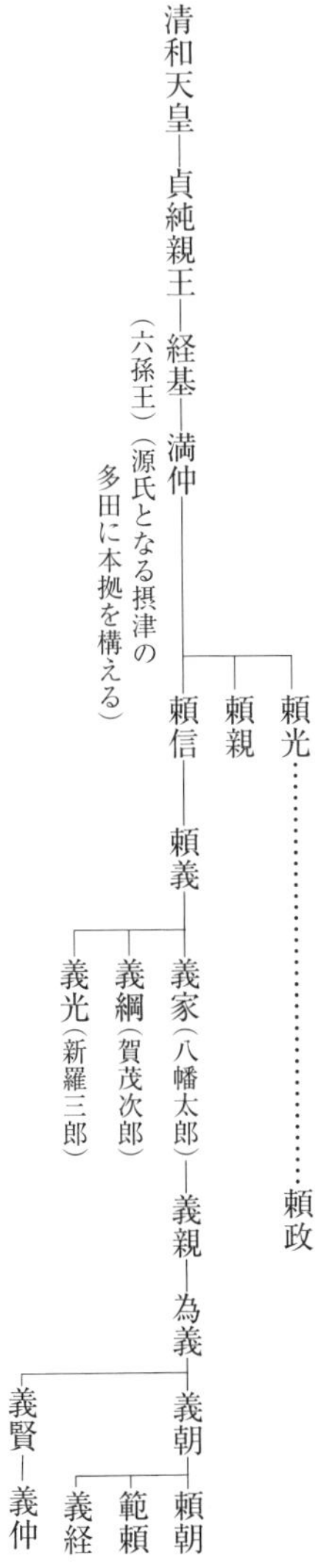

たった。
京都の南八条町に経基を祭神とした六孫王神社がある。ここはもともとは経基の邸宅があった所といわれ、ここで長男の満仲が生れた。神社の境内には「満仲誕生の井戸」と呼ばれる井戸が残っている。

▼藤原師輔の流れを支えた源満仲　経基の長男で、摂津の多田に多田院を造営したので多田満仲とも言われる。長徳三年（九九七）に八十六歳で卒去するまでの間、鎮守府将軍を始めとして諸国の守を歴任した。彼が政治的な立場を確立したのは二十八歳のとき「安和の変」にかかわったことによる。

当時左大臣であった源高明が大宰権帥に左遷され、右大臣であった藤原師尹《もろただ》がこれに代って左大臣に就任するという政治的な事件があった。ところが、左大臣になった師尹もわずか七カ月後には死んでしまった。この結果師尹の兄の藤原師輔《もろすけ》の立場はゆるぎないものとなり、これ以降藤原氏の中でも師輔の流れが中央政界で中枢を独占して行くことになったのである。

師輔系の藤原氏が実権を握る中でなぜか満仲の立場も安定して行った。この「安和《あんな》の変」の背後での活躍が認められたためである。この事件についてうがった見方をすれば二段構造になっていたと考えられる。

第一段階で藤原北家が貴族社会で他氏族をどんどん排除していくための最後の事件として源高明の失脚が実現した。

つぎの段階では、権力独占への見通しがついたところで、藤原氏自体が内部での勢力争いを展開した。この事件の後半は師輔系が頂点を極めるように仕組まれていたというわけである。そして、その筋書きのもとに闇部で働いたのが実は源満仲であったと言えそうである。

▼源頼光　満仲の長男である。満仲から摂津の多田院を受けついだため摂津源氏の祖と言われた。父親の得た信用を背景にして、藤原氏の政治の補佐役的な存在として活躍の場を得て、道長にいたる藤原氏の栄華への道を支えた。説話的には『御伽草子』の「酒呑童子」や「羅生門の鬼退治」の話で知られるように「頼光」は雄々しい武者として世に知られているが、実際は中間貴族としての働きが主であった。とりわけ「望月の欠けたることのなしと思へば」と絶頂を極めた道長を経済的な部分で支えていたことが「大鏡」などの記事を通して知ることができる。

(二)　政治勢力の消長にからんだ「みちのくの黄金」

1　源頼信と忠常の乱

三男の河内源氏の祖といわれる頼信の流れが後世〝清和源氏は武家の家柄〟と言われる武家

政治の統領となって行く。

経基王が平定に加わった将門の乱からおよそ一世紀の後、平忠常が同じ関東を舞台に四年にわたる狼藉を働いた。この乱の平定の任に当たったことが清和源氏の武人としての実質的な出発であった。つまり「プレ源平合戦」の主な出来事がこの「忠常の乱」であった。

忠常の乱が起こったとき初めに平定に向かったのは、関東での夢が敗れて京都へ戻っていた平氏の一人で京の貴族の御家人だった平直方《なおかた》であった。しかしそれは失敗に終わった。このため常陸守をして関東の地理にも明るかった源頼信が甲斐守に任ぜられるとともにこの乱の鎮定者となった。忠常は戦わずして頼信に降伏し、これ以降、清和源氏が関東において名を得る基礎となったのである。

ところで、この忠常の乱の平定において平直方は、源頼信から協力されたよしみによって娘を頼信の息子、頼義に嫁がせた。そこに生れたのが八幡太郎義家、賀茂次郎義綱、新羅三郎義光の三兄弟であった。

2　頼義・義家と前九年、後三年の役——平泉藤原氏の成立

前九年の役

頼義はかつて父親に従って忠常の乱の平定に加わり、その功が認められて相模守となっていた。それから二十年ほどして陸奥国に俘囚の反乱が起った。安倍頼時は俘囚長であったが、実

際はなかなか畿内政権の思う通りに動かなかった。俘囚長というのは、蝦夷の中で、畿内政権に従う意志を示した俘囚《ふしゅう》を現地でまとめる役を引き受けた現地の豪族のことである。ただ表面は畿内の権力についた形を示しながら衣川に柵を設けるなど、安倍頼時は現地でたびたび反乱を起こしていた。この乱を収めるため源頼義は陸奥守、兼鎮守府将軍として陸奥に向かい、その陸奥の豪族安倍頼時を討った。前九年の役と呼ばれる。

頼義が陸奥国で苦戦をしていたとき長男の義家がこの戦に参戦して大きな手柄をたて、八幡太郎ともてはやされた。義家は当時まだ十九歳の若さであった。この義家の参加によって坂東の武士たちもこぞってこの戦に加わった。頼義、義家親子がいかに関東において周囲からの信頼を得ていたかがわかる。義家はこの戦の功によって出羽守となった。

後三年の役

前九年の役からおよそ三十年ののち義家が五十歳にちかづいた頃、陸奥国でまた事が起った。先の役で安倍頼時を討つに当たって一役買って、俘囚長におさまっていたみちのく原地の清原家に分裂が起った。義家はこの分裂の争いに対して清原清衡の方に力を貸してこの分裂を収めた。清衡は清原家の正統ではなく、母親の連れ子として清原家に入っていたのである。もとの姓は藤原であった。この乱に勝って藤原姓に戻った。そしてこの藤原清衡が衣川の柵の近くの平泉に根拠を定め、奥州藤原氏の始まりとなったのである。

このように見てくると清和源氏がいかにみちのくと深くかかわっていたのか。また奥州の黄金文化を作った平泉藤原氏成立に大きくかかわりを持っていたかがわかるのである。

(三) 頼朝と文覚

1 平氏を見限る文覚

文覚は空海に私淑し、修行を重ね修験の験力をしっかり身につけた僧侶として京都へ戻って来た。時あたかも平氏一門は清盛を頭に置き政治の実権を掌中に収めている時であった。今都に何が起こっているかつぶさに分析できる力をも備えており、様々な面で現在の政治形態では立ちゆかない京都の現状を確認していたのであった。特にこれまで目にしたこともなかった東国や奥州一帯の様子をつぶさに自分の目で見てきたことによってその思いを強めていたのだった。

平泉にあった奥州政権は噂に聞いていたよりも素晴らしい力を持っていた。畿内の政権は少しずつ手を伸ばしては失敗しながら、この力を蝦夷のものと過小評価したがっていた。京都では一部の政治に携わっている者はただただ日々宴会にうかれているだけである。いずれこの無理はどこかで破綻をきたすだろう。文覚は畿内の貴族の生き方をただまねた形で平氏が中心となって展開している政治のあり方に明確な陰りを見ないわけにいかなかった。さらに許しがたかったのは最澄の起こした天台宗が政治に利用される一方で空海の宗教的な評価が下がっている事実であった。

空海の生き方にひかれていた文覚から見ると、高野のお山を始めとして京都の東寺にしても神護寺にしても空海ゆかりの重要な寺々が顧みる者もなく荒れるに任されていたことが我慢ならなかった。一部の貴族を中心にした藤原氏の政治の二の舞を演じている平氏一門。この腐りかかっている京の現状を変えるには空海の法力を復活させる必要があると実感していた。

2　後白河法皇に嫌われた文覚

諸国行脚後、京に戻った文覚は手始めにまず高雄にある神護寺の再興を思い立った。それというのも空海によって起こされた真言密教の出発がこの神護寺であったからである。

文覚は神護寺の再興を訴えるため、後白河法皇の御所を訪れた。法王は酒宴の真っ最中であり、訴えに来た文覚を全く相手にしなかった。文覚はこれを不満として御所の園内に強引に入り込み、あたりに身構える警護の者を蹴散らした。かつては勢いのある武人であり、体躯にも恵まれていた文覚であったから一度は蹴散らしたものの、警護者の多人数にはかなわずたちまち捕らえられて投獄された。

しかし牢の中でおとなしくしている文覚ではなかった。法力を使って様々なことをした。このため、後白河法皇は文覚を京に置くことはよくないと考えて、伊豆に流すことになったのである。

捕われの身となった文覚は改めて世直しの必要を強く思った。これから自分が何をしなければならないのかを再確認した。

また一方、後白河法皇も平家一門の政治権力の独占について苦々しい思いを持っていた。ただ、それをどうすることも出来ず、毎日白拍子の舞うのを見ながらの酒宴三昧で気を紛らせていたのだった。

三　源平譚の実相

(一) 験力を駆使した文覚

文覚の験力がどんなものであったか、あるいはどんな形で世に受けとめられて行ったのか。その様子を『平家物語』、『源平盛衰記』、幸若舞の『文覚』などの伝えるさまざまなエピソードによって確認してみよう。

文覚は後白河法皇の御所に乱入して捕らえられ牢に入れられた。ところが獄中にあって文覚は念珠を揉みながら何やら訳の分からない呪文を唱えた。すると世の中には次々と不吉なことが起こった。獄卒たちは「身の毛よだってぞ覚えける」という状態であった。後白河法皇が「此の僧を京中に置きては悪しかりなん（悪いことになる）」と思ったのもそのためであった。（「源平盛衰記」）

文覚は七条大路の土牢へ入れられ上から土がかぶせられた。死罪に当たるところだが、僧侶を死罪には出来ないという配慮のもとで、土牢に押し込めて自然に死ぬのを待とうという計算なのであった。ところが比叡山、中堂薬師医王善逝《ぜんせい》の使者「宮毘羅《ぐびら》大将が瑠璃壷《るりつぼ》を持って土中の文覚を守った」のであった。このため文覚は「神通自在」「其の身は芥子《けし》のごとにて」土から自由に出入りできることになったのであった。それとも知らず「百日もたったので掘り起こして供養してやれ」、との命令で役人が土をのけてみた。「につこと笑つて出で給へば、官人肝《きも》を消し」というわけである。（幸若舞「文覚」）

「薬師瑠璃光如来本願功徳経」によると、薬師如来の十二の本願の内の十番目の願に「王法のために牢獄に繋がれても薬師の名を聞けば憂苦を脱する」とある。薬師如来の功徳が文覚に届いていたのである。なお、この土牢のあった所は京都駅前京都タワーの直ぐ近くの文覚町である。ここの町名が文覚とのゆかりを伝えるだけでなく、ここには文覚産湯井戸と言われる井戸も残っている。実際は土に穴を掘った土牢のあったところのようであるが、土地の伝承では「この地で出生」と出生譚に変化しているのである。

さらに『源平盛衰記』では、

伊豆へ送られることになった文覚は摂津の渡辺の地から船に乗せられた。遠州灘あたりにさしかかったとき海は時化《しけ》て船は木の葉のように揺れた。船中の人々が船酔いして苦しみ、かつ船が難破してしまうことに慄《おのの》いていた。ところが文覚だけが一人静かであった。渡辺の地を出たときから大願成就のための断食の行を行なっていたのである。船子《かこ》たちは座って動かない文覚を見て、「皆がこんなに苦しんでいるのに、僧ともあろう者が何もしようともしない、全く役立たずなことだ」と不満をもらした。すると文覚はやおら立ち上がり、船の舳《へさき》に行って海上をにらみ、荒れ狂う海に向かって海龍を叱りとばしたのであった。

「この船中には大願を発したる文覚が乗つたるなり。我昔より千手経の持者として、深く観音の悲願を憑《たの》み、龍神八部正《まさ》しく如来説教の砌《みぎり》に千手の持者を守護せん、との誓いを発するに非ずや」千手の持者は龍神の八部衆が守ってくれるという約束だったのであった。今、ここに文覚がいるのに海があれているのは許せない、と龍神を一喝したのである。するとたちまち波は鎮まった。

目のあたりにこの法力を見せられた人々は驚き、これまで馬鹿にして来たことを悔いて、多くの者がその場で文覚の弟子になることを申し入れたほどであった。

とある。

　幸若舞の「文覚」では、波の上に龍宮の乙姫「こさい女」が文覚を「一度拝したいと思っていた」と言って現れ、海の荒れるのを鎮めたと書かれている。

1　文覚、後白河法皇の院宣もたらす

　話をもとにもどし、もう少し文覚の験力のことを語ろう。

　京の御所北面の武士だった遠藤盛遠は出家して文覚と名を変えたが、その後、十年間の厳しい修行の旅をして京に戻った。その頃の京は平氏一族の気ままな生活と、後白河法皇の遊戯三昧の生活とで、乱れきっていた。

　文覚はこうした世の中を慨嘆して、後白河法皇に直談判し、世の改革を迫った。ところが、後白河法皇は文覚を「危険な僧侶」として捕らえ、伊豆へ流したのだった。ところで、既に述べたとおりその伊豆には源氏の嫡流、源頼朝が既に配流されていた。文覚は行き詰まっている世の中を変えるためには、この頼朝を担ぎ上げるのが一番であると考え、配流された伊豆で、密《ひそ》かに頼朝と会って、平家打倒のために立ち上がるよう説得を重ねたのだった。

　文覚は周囲の民衆の信頼を得ておき、実際はこっそりこの頼朝の説得に当たっていた。しかし寄ってくる僧侶が〝配流されている身〟であることを知っている頼朝の心は硬かった。事に対して飽くまでも慎重だった頼朝の心を決定的に動かしたのは、ある日、事を起こしてもよい

という後白河法皇の院宣を文覚がもたらしたからであった。この院宣が本物か偽物かという議論もあるが、いずれであるにせよ、少なくとも頼朝の心を動かすに足る「院宣」なるものを文覚が京からもたらしたことは確かであった。時代背景からみると後白河法皇も清盛を中心とした平氏一門の横暴には手を焼いており、院宣を出して当面平氏のこの横暴を抑えたいという思いがあったことも事実であった。

院宣をとりに京へ行くにあたって、民衆の心を捉えていたからといって文覚も実際は配流されている身である。配流されている人間がこの土地を離れたと噂されては成就するはずのことも壊れてしまう。そこで文覚は「これから堂に籠って七日間の禅定に入る」と民衆には宣伝するのであった。ありがたい僧侶の入定の様を一目見ようと人々は集まった。

文覚は合掌して見つめる人々の前でお堂に入り、外から鍵を掛けさせるのである。鍵を掛けてそこから抜けてしまう。大魔術のようなことをしたことになる。

七日の行が明けたとして再度文覚は民衆の見ている中、おもむろに堂から現れた。人々はありがたい行を成し遂げた僧侶としてこれを拝んだのであった。しかしすでに土牢に入れられても法力によって出入り自由であった実績のあった文覚にとって、鍵が掛かっているとはいえお堂からこっそり抜け出すことなど造作もないことだった。民衆の目をくらましておいて実際はこの七日間で伊豆と京都を往復していたのであった。

こうして頼朝の心を掴んだ文覚は旗揚げの状況作りのために伊豆での監視役の面々、北条、山木、伊東の心を頼朝に向かせる工作を始めた。結論的に言うと北条氏のみがこの計画に乗り、伊東氏と山木氏はこれに理解を示なかった。

伊東については同じ伊豆でも山を隔てていただけに、すぐには問題にならなかったが、山木は頼朝が配流されていた蛭ヶ小島の直ぐ近くを本拠とする一族であった。旗揚げに際しては何としても味方につけたい一族であり、文覚はこの山木と近づくため特に気を使った。しかし、山木は平家一門であるとの自覚と共に人一倍京の清盛を気にする余り、忠実に頼朝の監視役を続け、計画に加わる可能性はなかった。そこで頼朝の旗揚げは先ずこの山木一族を急襲することから始まったのであった。

一方、北条氏は同じ平家一門ではあったが、清和源氏とのつながりも持っていた。この時より百五十年ほど前、房総地方に平忠常の乱があったその折、平直方がこの乱の平定に当ったことがあった。ところが実効が上がらず、朝廷は甲斐守源頼信に平定の力を貸すことを命じた。すると関東中を大混乱におとしいれていた忠常であったが、頼信の参加を知って闘わずして降伏したのであった。このときの平定に頼信の息子頼義も加わっていて、大いに活躍した。頼義はこのときの働きが認められてその後に相模国守となったのであった。

平直方はその乱を共に戦ったよしみとして自分の娘をこの頼義に嫁がせた。そしてこの二人の間に生れたのが八幡太郎と呼ばれ、みちのくの合戦で名を挙げた義家なのであった。その数代あとに続いているのがこの頼朝なのであり、平直方の側から見ての末裔としては、この監視役である北条時政がいたのである。つまり北条氏は同じ血も流れている頼朝に対して親しみを持つ背景があったわけである。

2　伊豆・奈古谷、毘沙門堂での密議

文覚は伊豆に到着するまで、大願成就の祈りを重ね、伊豆に着くとすぐ、

苅掃荊棘、一宇草庵所今居住地也。（山地の草を刈って草庵を作り、居住の場所を定めた）（『神護寺旧記』）

という形で、精力的な行動を始めるのであった。この草やイバラを苅って構えた居住の場所はどこだったのか。『平家物語』『源平盛衰記』共に、「奈古屋《なごや》が奥にぞ栖み居ける」「籠居したる所をば奈古屋寺と云ふ」と伝えている。

『郷土史話　伊豆半島』によると「韮山村、字《あざ》奈古谷の中部に国清寺があって、寺の東南方向の山の中腹に毘沙門堂があり、ここが文覚の流寓の跡である」と説明しており、『豆州志稿』にもほぼ同様の説明がある。こちらには「多聞堂（毘沙門堂）を建て、近くに護摩石あり」と記している。（「奈古屋」の地名は史料によって「屋」と「谷」両方ある。現在の地名は「奈古谷」である。）

史蹟・文覚上人流寓之跡

天城山までつづく伊豆スカイラインの韮山峠のふもとの丘陵地帯の麓に国清寺がある。この

わきの道を山に向かって登ること十数分、途中に「史蹟 文覚上人流寓之跡」と書かれた碑がある。そこからさらに十数分。文覚が祈願のために護摩を焚いたと伝えられる護摩石（鏡石・視石ともいう）があり、その近くに「奈古屋毘沙門天」のお堂がある。お堂の近くの山中に文覚が荒行をしたといわれている不動滝もある。文覚はここ「流寓之跡」からさほど遠くない蛭ヶ小島に流されていた頼朝とこっそり会って、彼の父義朝の髑髏などを見せながら、頼朝が旗揚げの決心をするよう迫ったのだった。

(二) 頼朝・旗揚げの目標は当初から「奥州の黄金」だった

1 頼朝、幕府草創への道

治承四年（一一八〇）

七月五日　文覚によって後白河法皇の院宣、頼朝のもとにもたらされる。(『源平盛衰記』)

八月二十三日　頼朝、石橋山に陣を張る。(『吾妻鏡』)

八月二十四日　石橋山の合戦に敗れ、七騎となって箱根山中に逃れる。このとき頼朝を支えたのは七十歳を過ぎた土肥実平と箱根権現の行実や永実らであった。

八月二十九日　頼朝は真鶴から安房国平北郡猟嶋に逃れる。

十月六日　頼朝、相模国の鎌倉に到着。（『吾妻鏡』）
「畠山次郎重忠先陣たり。千葉介常胤《つねたね》御後に候す。凡そ扈従《こじゅう》の軍士幾千万なるかを知らず」（『吾妻鏡』）
十一月十七日　侍所設置。
十二月十二日　大倉の新邸完成。
養和元年（一一八一）大威徳寺この年創建か？
寿永元年（一一八二）
四月五日　武衛、腰越辺江島に出でしめ給ふ、……是高雄文学（覚）上人、武衛の御祈願を祈らんが為、大弁才天を此島に勧請し奉り、供養法を始め行ふの間、故を以て監臨せしめ給ふ。密議なり。此事鎮守府将軍藤原秀衡を調伏の為なりと云々。今日即ち鳥居を立てられ、其後還らしめ給ふ。（『吾妻鏡』）
元暦元年（一一二四）
十月六日　公文所の吉書始。
　二十日　問注所設置。
文治元年（一一八五）
三月二十四日　義経壇ノ浦で平家を破る。
五月二十三日　義経、腰越で足止め。「骨肉同胞の義、既に空しきに似たり」と嘆く。
八月三十日　義朝の霊廟として南御堂（勝長寿院）を建立するに先立って義朝の首、文覚の弟子が京都より届ける。

十一月五日　行家義経追捕の宣旨下る。

　二十九日　守護地頭の勅許あり。

文治三年（一一八七）

十月二十九日　藤原秀衡、平泉で卒去。

文治四年（一一八八）

十二月十一日　奥州泰衡のもとに義経追討の宣旨届く。

文治五年（一一八九）

閏四月三十日　義経自害。

六月十三日　義経の首、鎌倉へ届く。

七月十九日　頼朝、奥州追討のため出発。

十月二十四日　奥州追討を終えて、頼朝鎌倉へ帰着。

建久三年（一一九二）

七月十二日　征夷大将軍に任じられる。

七月二十日　飛脚参着し勅使により除書届く。

2　頼朝と文覚、伊豆の出合い

さて、文覚によって発想されたであろう新しい政治の中心となる場所は具体的にどこに置くか。源氏にとって既に親しみがあり、かつ畿内の政治に不満を持つ勢力を糾合しやすいところ、しかも文覚の身辺で利用しやすい渡辺の党の海運の力も利用できる海に近いところ、このような諸々の条件を考えた時、鎌倉という土地が浮かび上がった。海に近い上に、地形は複雑に入り組んでおり、これまでの京とは全く趣きを異にしていた。鎌倉の地には頼朝の四代前の頼義が相模守となったおり、武運隆盛を祈願して京の男山から石清水八幡を勧請していた地でもあった。そして文覚上人は、頼朝に単に旗揚げを教唆しただけでない。桓武平氏が一度目指し、平将門らによって失敗し、その折りの残党を含めて今、関東には現状に飽き足りていない多くの武士団があることを知っていた。この「東国武士団」は自分の従った「平氏」に対して不満を持ち合わせていた。この状況を熟知していたのが「文覚」だった。これを利用しない手はない。ただし、これは一歩誤ると危険も多い計画ではあった。そこで文覚はこのあとで確認するように房総半島から常陸一体になお勢力を持っている平氏側にあった豪族らの理解を得る方策を取り、それに成功している。それは平忠常を祖にもち下総や常陸地区を主に拠点にしていた千葉介常胤・胤頼の親子を逸早く味方に加えることが出来たことであった。

実はこの千葉氏と文覚は非常に近い姻戚でもあった。

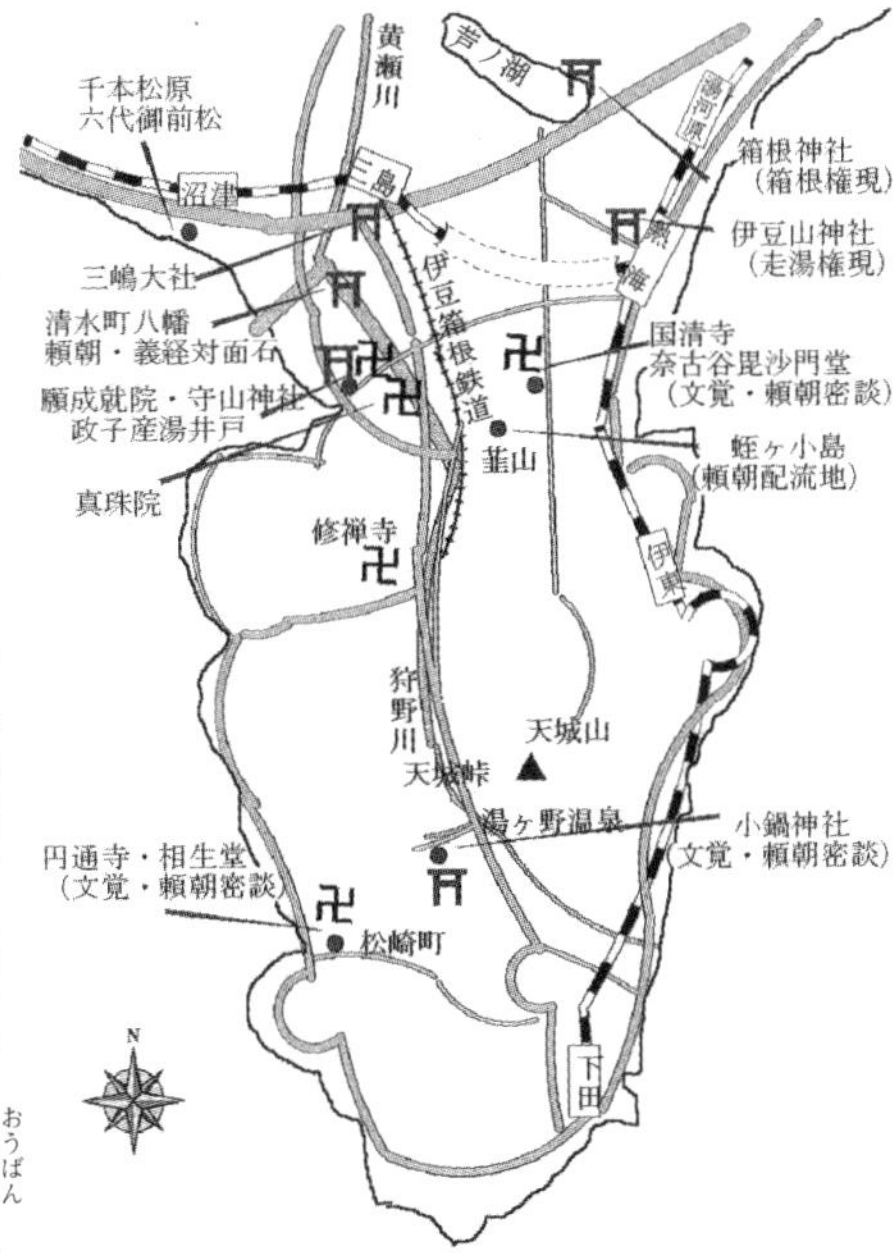

遠藤氏と千葉氏はどのような関係にあったのか。

文覚上人が頼朝に旗揚げのことを勧めている頃から、千葉氏は既に文覚上人と共同歩調を取っていたのである。そのことが『吾妻鏡』の文治二年（一一八六）正月二日の記事にある。

この日、頼朝は年頭のことだったので鶴岡八幡詣でを行った。同行した御家人の中に千葉介常胤とその息子である胤頼も加わっていた。参詣がすんだあと埦飯《おうばん》（饗応）ということになった。そのとき着座の順番が周辺の注目するところとなった。それというのも息子の胤頼が上座で父親の常胤が下座だったのである。周りの御家人たちがそれを気にした、そんなことが『吾妻鏡』に書かれている。じつは重要なのはその後につづく記述なのである。

常胤は父たりと雖も六位、胤頼は子たりと雖も五品（五位）なり、官位は君の授くる所なり、……この胤頼は、平家天下の権を執るのとき、京都に候すと雖も、さらに其の栄貴にへつらはず、遠藤左近将監《さこんのしょうげん》持盛の挙（推薦）に依りて、上西門院に仕へ、彼の御給（給料）従五位下に叙す、また持盛のよしみに就いて、神護寺の文学（覚）上人を以て師檀（師僧）となす、文学伊豆国に在りし時、同心せしめ（仲間に入れ）、兄弟六人の中に、殊に大功をぬきんずる者なり。

とある。つまり胤頼はかつて京都にあったとき、時の権力者だった平家にへつらうこともなく生活し、特に「遠藤持盛」（文覚の父親）の世話になり、上西門院に仕え、そのとき従五位下の位を得ていた。そのため鎌倉の御家人となった頃は五品（五位）に位があがっており、父親常胤の方が六位ということで下位だったのである。こうした持盛とのよしみによって胤頼は出家して「文覚」となっていた盛遠を「師」と仰いでいたというのである。

この記事のさらに重要なことは、「文覚伊豆国に在りし時、同心せしめ……」とあるように文覚が頼朝を伊豆で説得している頃、既に仲間に加わっていた、ということなのである。頼朝が旗揚げして間もなく石橋山で負けても、房総半島へ移って行ったこと、そしてすぐに立ち直れた状況についてはこのことによって理解できる。そのとき千葉氏は息子の胤頼だけでなく父親の常胤の方も全面的に協力していたのであった。

文覚と胤頼の接点は実はさらに深いものがあった。遠藤家に伝えられた系図によると盛遠は出家する前に実は盛実という一子をもうけていたのである。その子供は父親の盛遠が出家してしまったため叔父の遠光に預けられた。

文覚が後白河法皇の御所へ乱入した廉《かど》で伊豆に流されたとき、この子供の盛実も洛中追放となって飛騨の守部山中で暮らすことになった。頼朝が旗揚げした際これに文覚の息子盛実も山中を出て加わったという。その後、盛実は文治元年（一一八五）には頼朝から上総国に領地を賜わった。垣生郡酒部村がその地であるという。

さらに千葉介胤頼はその妻を遠藤持盛の娘から得ていたとされている。いうなら盛遠（文覚）と胤頼は義理の兄弟ということになる。そしてこの胤頼は千葉氏から東氏に名を変えてその後、戦国時代になって遠藤・東両氏は郡上八幡とその周辺とのかかわりを持ってゆくのである。

さて、文覚は千葉氏との共同が成り、ここでの動きひとつで京での政策に不満を抱いている関東一円の平氏を含んだ武家集団を糾合できる見通しも立った。こうなればあとは頼朝の説得に当たるだけである。これに加えて文覚は諸国を巡る中で培った修験道のネットワークに期待を寄せることとの出来る背景をも持っていた。文覚は諸国行脚の中で「みちのく」を知り、「黄金の意味」を理解した上で、頼朝に対し今後の「経済的な背景」についても周到に用意する目標は見えていたのである。

『源平盛衰記』によれば、文覚は頼朝に父親義朝の髑髏を示して平家打倒を迫ったという。配流の身である頼朝の周囲には平清盛の意向のもとで動く監視役の伊東祐親、北条時政、山木兼隆がいた。頼朝は臆病になっておりこれらの目を気にしていた。文覚は頼朝を説得するに当たってこのあたりへの配慮もすでに十分行っていた。

文覚はまず配流先の伊豆の一般民衆から、〝京の験高き高僧〟と信頼されるような工作から始めていたが、後白河法皇がこのまま京に置いては何をしでかすか分からないと不安に思ったほどの文覚の験力は、たちまち伊豆の住民の心をも捉えてしまったのであった。

3　流人頼朝と北條政子との恋

①伊豆の初恋

頼朝は十四歳の時に伊豆に流されている。以来ここで十数年間生活していた。伊豆では、伊東の地に伊東祐親《いとうすけちか》が、韮山周辺には山木兼隆《やまきかねたか》が、そして北条の地に北条時政がいて、それぞれ「流人頼朝」を監視する役目を持っていた。ただ、長い年月がたつうちに流人・監視人という互いの立場もゆるみがちになってはいた。頼朝は政子と結婚する前に、伊東祐親の娘八重と親しくなり、二人の間には、千鶴丸という子供までできたのである。父親の祐親が京での役職遂行のため数年間留守にしていた間の出来事だった。それを知った祐親はあわてて二人を割き、千鶴丸を松川の淵に沈めたのだった。

八重姫はその後頼朝が北条の館に出入りしていることを聞いて、伊東から北条の地へやってきた。そこで、彼女は頼朝と政子が結婚するとの話を聞いて、狩野川の支流、真珠ヶ淵に身を投じた。その岸辺には現在真珠院があって、ここには八重姫の供養塔と八重姫御堂などがある。

②北条政子との結婚

平治の乱で父親義朝に付いて参戦した頼朝は、敗戦とともに平氏に捕えられ、清盛によって斬られるところであった。幸い、池の禅尼（清盛の父の後妻にあたる）の計らいによって、一命は助けられ、伊豆の地に配流の身となった。その後十数年にわたって、監視を受けながらの生活が続いていた。この間にその監視役北条時政の娘、政子との恋が実り、さらに、京から文覚という怪僧が伊豆に来たことによって、頼朝の身辺は一気に新しい状況が生まれたのだった。

頼朝は文覚の説得を受け、さらに妻政子の父親である北条時政まで味方に得て、旗揚げを決心した。事は平家側の見張り役の一人である山木兼隆を討つことから始めた。

願成就院

静岡県の韮山町には守山八幡宮がある。鳥居の脇に源頼朝挙兵の碑があり「治承四年八月十五日守山八幡に平家追討を祈願して挙兵、夜陰に源氏重恩の軍兵数十騎、山木判官平兼隆を襲い討つ」と書かれている。

八幡宮の前には願成就院（真言宗）がある。これは後年頼朝の奥州征伐に関して北条時政が戦勝を祈願して、自分の根拠地に建立した寺である。その近くには政子の産湯井戸なども残っている。

政子はこれより先に、山木兼隆と結婚することになっていたが、その結婚式の日に裸足で式場を逃げ出し頼朝のもとへ走っ

頼朝・政子像

たのであった。自分の意志を貫く「新しい女」は明治時代に始まったわけではなかったようである。頼朝は政子を伊豆山走湯権現に隠まった。既に述べたように伊豆山は三島、箱根と共に文覚の計画を背後から支援した修験の一拠点であった。つまりこれによって頼朝と政子の結び付きにも文覚の力が働いていたことがわかる。

4　頼朝の決意

平氏は桓武天皇以来、奥州とのつながりを持ち、日宋貿易に力を入れていた清盛の政策はそうした背景のもとに成り立っていたのだが、それも行き詰まり状態にあった。そんな状況の中にあって、文覚は頼朝に父義朝の無念のことを語ると共に八幡太郎以降の東国経営にかかわる話をも加えて語り、「源氏の手で新時代を……」と旗揚げのことを教唆した。

諸国を巡った文覚は、時代がもはや「平家」（「京」）にはないことを感じていた。そして、一日も早い「奥州の制圧」こそ「国土の統一」であることを頼朝に教えたのである。

つまり、頼朝の旗揚げの目標は「平家を討つ」ことではなく、当初から「奥州平泉にある利権の奪取」にあったということであった。

旗揚げするに先だって、文覚と共に計画を練った頼朝における構想の完結とは、既に奈良時代に大伴家持に始まっていた征夷を目的とした「将軍」の名を得ることであった。その「征夷」の名にこだわった背景には「奥州平泉平定」と同義であり、この意味の重大さが示されていた。

5　頼朝を助けた修験道のネットワーク

文覚上人は頼朝に旗揚げを決心させるに当たって、さまざまな方面で下ごしらえをし、立ち上がっても「孤立しない」・「失敗しない」という安心感を持たせるよう努力し、房総・相模・武蔵の関東武士らに事前に手を回していた。さらに頼朝を勇気づけたのは、文覚上人の宗教的な背景への信頼性である。文覚は修行時代、山岳修験道の霊場を廻っており、そこで得た修験道のネットワークを最大限利用したのである。それは三嶋大社・伊豆山権現・箱根権現等が旗揚げに際して協力を惜しまなかった状況は既に述べたとおりである。幕府草創を果した後、頼朝は毎年、年頭にこの三所を巡るのが正月恒例の行事となった。

6　三所を巡るとき使われた箱根の湯坂路

箱根権現

源氏は箱根権現（現在の箱根神社）を義朝の頃から崇敬しており、当時の別当であった行実も、そのつながりによって頼朝に対してよしみを持っていた。また文覚は、伊豆で頼朝に旗揚げを勧める頃、箱根権現に出入りしていた。それは『箱根山縁起』〔行実が建久二（一一九一）年に記録した〕に出てくる。

寿永年中源頼朝瑞夢あり。……すなわち文覚をして豆州奈古谷（屋）に多聞堂一宇を建てしめ、当山の駒形神を勧請す。国家鎮護のためなり．

とあるのがそれである。この文書は奈古谷の毘沙門堂（毘沙門天は多聞天の別称）にある伝承を裏づけている。『吾妻鏡』によると旗揚げ後、頼朝は石橋山の合戦で大庭景親《おおばかげちか》らと戦い、分が悪く、箱根から湯河原の山中を敗走しなければならなかった。そのおり、行実は山中で身をひそめている頼朝のもとに何度も顔を出して食物などを届けている。

伊豆山権現

伊豆山権現・走湯権現（現在は伊豆山神社という）は万葉集に「伊豆の高嶺」と書かれ、元の社殿は背後の日金《ひかね》山中にあった。頼朝は旗揚げを決心するにあたって三嶋大社、箱根権現とともにこの権現にも深く帰依した。境内には、頼朝と政子が結婚する前に、ここで将来の夢を語り合った、とされる腰掛け石なるものが残っている。

三嶋大社

伊豆半島と、その沖に連なる諸島は、悠久の昔から今に至るまでつづく火山活動などの造山活動がもたらしたもので、大自然へ畏敬の念をこめてこの地を「御嶋《みしま》」と言った。

三嶋大社の祭神は大山祇命《おおやまづみのみこと》、事代主命《ことしろぬしのみこと》である。平安時代中期以来、武家、とりわけ源氏の崇敬を集めた。頼朝はそのよしみを大事にして、特に三嶋大社の祭礼の日をえらんで旗揚げを決行した。それは土地の豪族で、頼朝を監視する役の一人だった山木兼隆を討つことによって始まったのである。

春はみごとな枝垂れ桜で彩られる三嶋大社境内には立派な頼朝旗揚げの碑が建てられている。

（三）頼朝旗揚げ

1　頼朝、安房に敗走

旗揚げまでの状況が調い、三嶋社の祭礼の日、頼朝は山木兼隆を血祭りに上げていよいよ旗揚げは実現した。当面の目標は新しい生活の根拠地と決めた鎌倉へ入ることであった。しかし、その途中平家一門であり、清盛の命を受けた相模の大庭景親《おおばかげちか》によって頼朝の鎌倉入りは阻止されてしまった。勢い込んだ頼朝の旗揚げは早くも失敗かと思われた。

頼朝の勢力は相模の石橋山の合戦で散々にやられ、頼朝はわずか七騎で箱根山中に逃げ延びたのである。そして大庭の討手を逃れて、箱根から真鶴を経て頼朝は船で安房に渡った。ところが『吾妻鏡』によると敗走したにもかかわらず頼朝はわずか二カ月にも満たない間に上総、下総、武蔵を経て陸路鎌倉入りしている。しかも「およそ扈従《こしょう》の軍士幾千万なるかを知らず」といった具合である。真鶴を船で逃げ延びたのが治承四年（一一八〇）八月二十八日、堂々鎌倉入りしたのが同じ年の十月六日のことである。

2　千葉介の参戦

一体どうしてこんな離れ業ができたのか。これは先に述べたように実は陰ながら文覚上人の下ごしらえがあったからである。

すでに「頼朝と文覚、伊豆の出合い」(196頁)で述べたように、敗走した頼朝を房州で力強く支えたのが、かつて頼義、義家の時代から彼ら源氏と力を合わせていた千葉氏の末裔の千葉介常胤と胤頼の親子であった。

特に息子の胤頼は京で上西門院勤めをしていた頃から文覚の父親の世話になっており、宮中勤めの時代から盛遠（文覚）とも親しかった。そのうえ『吾妻鏡』によれば、文覚が頼朝に旗揚げを説得している頃、京から帰る途中の胤頼は、頼朝の配流地の蛭ヶ小島にも立ち寄っていた事実がある。

頼朝が鎌倉入りを目指して旗揚げしたとき、万一事がうまく進まなかった場合はどうすべきかの計算も文覚と胤頼との間で十分なされていたと考えられる。そうでなければ事はこんなにうまく運ぶはずはない。関東の武士たちは京の清盛の政治に反発を持っていた人々ではあったが、流人であった頼朝を成算なくして援助をするはずもない。

房総から常陸一体は古来鉄の生産地であり、古い文化を持っていた。藤原氏の祖である鎌足はこの地の出身であったようである。そのことは『大鏡』にも出ている。そして房総半島には修験道の行場も多く、とりわけ上総の鹿野山では文覚もここで修行したともいわれる。三浦半島の先端にある浦賀には海の近くに湾をへだてて向い合う東・西の叶神社があって文覚上人が創建したことを伝えるとともに、上総の鹿野山とのつながりを語っている。「叶」と「鹿野」は同じ意味だったのである。加えて、成田山新勝寺も京の神護寺とは深いかかわりがあり、文覚上人もそういう意味でゆかりがある。胤頼との誼《よしみ》に加えて文覚には宗教的な面からも房総一帯に影響力があったのである。

3　鎌倉の大蔵に「御所」を構える

このような援助を背景にして頼朝は念願の鎌倉入りを果たし、先ず自分の周辺の基礎固めを始めたのであった。頼義ゆかりの鶴岡八幡宮を新たに小林郷の岡に移してここを鶴岡八幡宮とした。源氏の武運を守るための精神的な拠り所としたのである。この鶴岡の造営と共に大倉に館を構えてここを御所と呼ばせている。

文覚上人と共に頼朝が構想したことは、単に京の平氏を打倒するだけではなく、もっと雄大なことを考えていた。もし平家打倒だけが目的だったのであれば、ここに「御所」などは構えず、早く京都入りできるような態勢を作ったであろう。計画は畿内の勢力がずっと長い間めざして果たせないでいた奥州の勢力をも抑え、文字通り日本を総合統治するという新しい政治の形態であった。その証拠に、後に京から位階を与えるという話しがあった時も頼朝はそれを固辞した。そればかりでなく、木曾義仲や義経が京攻めに力を発揮したことに対して、後白河法皇が彼らを優遇したとき、頼朝は二人がそれぞれいい気になってしまい、京での栄光に色気を示したことを厳しくとがめている。

かつて、東国で下地を造って新しい拠点を造ることを目指したが果たせず、けっきょく平氏一門は伊勢へ移動し、さらに京へはいって貴族政治に参入していったといういきさつがある。そしてそれまで藤原氏の行なった摂関政治のパターンをそのまま引き継いだのが平忠盛、清盛の平氏であった。

当時、院政による荘園を代行経営しながら力をたくわえていた武士階級が政治を左右できるような力をもつように成長しており、その結果が保元・平治の乱である。そして、この乱を経て、台頭したのがこの関東から伊勢を経て京入りした平氏だった。

ところで、昇殿を許され、その勢いを増していた忠盛・清盛の親子はそのころ「平泉の金」によって、宋との交易に力を入れていた。そうした時代の要請を受けて奥州藤原氏は勢いを増し、中央の政権との協力関係を深める意図のもとに秀衡は嘉応二年（一一七〇）に「鎮守府将軍」の職名を得ていた。

こうした中で平氏には新しい政治形態を作って行こうというビジョンはなかった。けっきょくはかつての藤原氏のとった政治の形を引き継ぐ発想しか持ちえなかった。その結果、摂政、関白を排し院政をなお保持しようとする後白河法皇と、平氏とは常にギクシャクした関係を続けたのである。

これを見抜き、同じ轍《てつ》を踏まないというのが文覚とともに歩き出した頼朝の新構想であった。義仲も義経も、同じ身内とはいえもとよりこの新しい政治の構想など理解のしようがなかったのである。

根拠と定めた鎌倉の整備に一段落した寿永元年（一一八二）四月、文覚上人は江ノ島に弁才天を勧請して頼朝のために二十一日間の籠りの行に入った。『吾妻鏡』によるとそれは「鎮守府将軍藤原秀衡を調伏する為」であった。平家を討つための祈りではない。もし頼朝の目指すものが京の平家打倒のみにあったら、文覚上人の江ノ島での祈願は清盛調伏のためになされたはずである。秀衡というのは当然奥州の平泉に黄金文化を築いて、鎮守府将軍と畿内の与えた職名を持っているものの畿内に帰属せず独自の政治を行なっていた人物である。

江ノ島神社の歴史は古い。この江ノ島が安芸の宮島、近江の竹生島とともに三大弁財天として江戸時代は庶民の信仰を集めた。技芸や財産を守るという民衆の現世利益の心を捉えたもので、弁天像は裸体に琵琶を抱えた姿として知られたものであったが、実際は不老長寿に絡む黄金をつかさどるとともに、武の神でもあり、八臂の形であるのが古いものである。江ノ島神社の境内にある天奉安殿には裸の「弁財天」とともにもう一体、文覚上人がここに勧請したときの像といわれる古い形の「弁才天」がならんで祀られている。この弁才天を見ても文覚上人の意図がどこにあったかがうかがえる。なお「弁財天」の表現は江戸時代頃の民間信仰の加わった字配りである。

後白河法皇は東国に勢力を持ちはじめた頼朝をあるときは持ち上げ、あるときは討とうとしており、この当時は北の平泉に対して頼朝討伐の命令を出していた。これを知って、むしろ頼朝と文覚は最終的に本当の相手は京の平氏よりも「みちのく」であることを改めて確認した思いであったろう。

4　源平の合戦

頼朝が平氏一門を壇の浦で破ったのは鎌倉に根拠を定めてから五年後の文治元年(一一八五)三月であった。

これに先立ち「平氏にあらざれば人にあらず」と豪語した清盛の身辺には陰りが見えはじめていた。安元三年(一一七七)には平家に反発する人々が鹿ヶ谷で平家討滅の密議をしていた。

これは事前に発覚して首謀者は全員捕らえられたが、そのころから清盛と長男の重盛とは意見が合わなくなっていた。この年、重盛は自ら大将の位を退いた。そして二年後に彼は死んだ。清盛にとって長男の死は痛手であったが、一方、小うるさく忠告する者がいなくなったため専横はますますひどくなった。清盛はまるで息子の死を待っていたかのように後白河法皇を城南の鳥羽の地に幽閉した。

翌年、後白河法皇の第二皇子である高倉宮以仁王《もちひとおう》が源頼政と図って京で謀反を起こした。「源氏よ立ち上がれ」と、蛭ヶ小島の頼朝のもとにも以仁王の令旨が届いたが、おそらく後白河法皇の意図が背後にあるであろうこの挙兵については頼朝と文覚は応じなかった。利用されるだけであることが分かっていたからである。二人は共に計画した旗揚げを独自に展開することのみを考えていたのである。

平家方は、以仁王と頼政を宇治で討って当面は事なきを得た。しかし、これを機に清盛は、都を平安の地から福原へ移すという暴挙に出た。これは周囲の不評を買うだけであった。さすがの清盛もこの批判を無視しきれず、五カ月たらずで再度還都した。

こんな京の混乱の虚を突いて頼朝の旗揚げは実行されたのであった。逆に先にあった以仁王の挙兵をもうまく利用するような形となっていた。

治承四年（一一八〇）四月以仁王挙兵
　同じく　　　六月清盛、福原に遷都

同じく　　八月頼朝、伊豆で山木を討つ
同じく　　九月木曾で義仲挙兵
同じく　　　十月清盛、平安京に還都

といった慌ただしさであった。そして翌年の養和元年に清盛は熱病で死んだ。六十四歳のことである。

頼朝はこうした京の様子をじっくり見極めていた。そして、いよいよ鎌倉に根拠を置いて四年目の元暦元年（一一八四）平氏討滅のための軍を送った。このとき頼朝自身は鎌倉の根拠地を守り、討滅のための軍の大将には範頼と義経の弟二人を当てた。

清盛と重盛をすでになくし、後に残った宗盛ら平家一門の京の力は落ち、もはや頼朝が送った軍と相対するだけの勢いは平家方にはなかった。たちまち追い上げられて、平家一門は瀬戸内の海上で滅びて行ったのであった。

（四）鎌倉幕府の成立

頼朝は、建久三年（一一九二）七月十二日征夷大将軍に任ぜられる。

前の段で見てきたように、鎌倉幕府成立の背景には文覚上人が重要な役割を担っていた。いやむしろ鎌倉幕府は、政治の現状に飽き足りなかった文覚が頼朝を担ぎ上げることによって造ったものだと言った方がよい。時代状況の中で最も担ぐにふさわしい人物が頼朝であったというに過ぎなかった。ただ、文覚本人は自分に権力がほしくて仕組んだものではなかった。

その証拠に鎌倉幕府が成立してからは、その運営に全くかかわった形跡がない。むしろ平家の残党がことを起こすのを怖れた頼朝が、京都を中心に厳しく残党狩りを行なった際、文覚はそれに対して意見したほどであった。そんなことがあったためか、頼朝は自分の立場が安定した後はむしろ文覚を煙たがった。いや、それ以上にこの怪僧によって今度は自分が滅ぼされる側に回るのではないと怖れたほどであった。

しかし、文覚はそんなことは意に介さず、本来の目的であった神護寺や東寺、それに高野山金剛峰寺など、師と仰ぐ空海ゆかりの寺々の修復と経営に力を注いだのであった。時代の変化がこれを可能にしたと言える。

ところで、近頃「鎌倉時代の始まりについていろいろ議論があるが、ここでは従来の説をとりたい。なお本書193ページの「1頼朝、幕府草創への道」を参照願いたい。

（五）頼朝と義経——単なる兄弟喧嘩か

1　元服とともに奥州の人となった義経

幼時牛若丸と呼ばれていた義経は、「平治の乱」以後、殺されない代わりに鞍馬山へあずけられた。そこで遮那王と呼ばれ、仏道修行をする名目のもとに元服が間近に迫る年齢まで、山内で生活していた。ただその当時の遮那王（義経）の実際上の生活がどんなものであったのか。『平治物語』によれば、

牛若は、鞍馬寺の東光坊阿闍梨蓮忍が弟子、禅林坊阿闍梨覚日が弟子となりて、遮那王とぞ申しける。十一の歳とかや、母の申す事を思ひ出して諸家の系図を見けるに、実にも清和天皇より十代の御苗裔、……前左馬頭義朝が末子にて候なり。如何にしても平家を滅ぼし、父の本望を達せんと思はれけるこそ懼ろしけれ、昼は終日学文（学問）を事とし、夜は終夜武芸を稽古せられたり。僧正が谷にて、天狗と夜な夜な兵法を習ふと云々。

とある。

そんな中で遮那王は、「金商人吉次」なる奥州と京を往復しつつ、鞍馬山にも出入りしてい

た男に出会った。遮那王は吉次に奥州へ連れて行けと、懇願している。

おそらくこれは遮那王の方から希望した、というより、当時の「みちのく王」ともいうべき藤原秀衡が遮那王をあずかろう、という思いのもとで「招いた」というのが真相ではないだろうか、と私は思う。

これには奥州側の源氏に対する「報恩」の意味があった。加えて、奥州の王権にとって京都とのつながりをより密にしたい、という意味からの「深謀遠慮」もあったかもしれない……。

2　秀衡のおもわく――源氏への報恩と遮那王（義経）の保護

奥州藤原氏としては平泉の安定を得られた背景に「前九年の役」「後三年の役」のことがあったことを思うからである。その戦には、清和源氏の援助があったのだった。

とりわけ「後三年の役」での八幡太郎義家、その弟新羅三郎義光がいなければ、現在のこの繁栄を見たかどうかおぼつかない。その恩義も感じていたし、遠い将来を見据えて、源氏を介して中央とのつながりを持てたら……、そしてその役割をこの遮那王に、と……。

当時、源氏嫡流であった義朝の子供たちはそれぞれバラバラだった。それだけに遮那王は一番末である。身近に置いて周辺もあまり警戒はしないだろうという安心もあった。

遮那王はみちのくへの途次、元服して義経となった。この義経が奥州に着いたのは『平治物語』によれば承安四年（一一七四）のことである。十六歳になっていた。その後、頼朝と黄瀬川で対面したのが治承四年（一一八〇）のこと。奥州入りして以来六年を経過していた。

この六年の間、義経がどのように奥州で過ごしたかは不明だが、彼が秀衡に見込まれるほどの人材であったことは確かである。

3　秀衡遺言と義経

文治三年（一一八七）、奥州で、病気がちだった三代秀衡が亡くなった。

それにしても、秀衡には日頃から悩みがあった。三代かけて築いた平泉の文化を、今後どう維持してゆくかという問題である。この文化を支えてゆくには息子の泰衡ではこころもとなかった。病の身を抱えつつ得た秀衡の結論は、家督を「義経に譲る」ということだった。


文治三年十月二十九日、丙申、……今日、秀衡入道、陸奥国平泉館に於て卒去す、日來重病恃《たのみ》少なきに依り、其時以前、伊予守義顕（追跡をのがれていた義経のこと）を大将軍として国務せしむ可きの由、男《むすこ》泰衡以下に遺言せしむと云々……。（『吾妻鏡』）

とある。

これによって、秀衡は卒去する前に「義顕（義経）をもって大将軍となし（義経に家督を譲る）」ということであり、自身の息子である泰衡には「仲良くやれ」と遺言していたことがわかる。日頃からの言動によって、周囲はこのことを早くから察知していたことだろう。そんな状況が伝わってくるにつけ、文覚上人から様々な話を伝え聞いていた頼朝は、旗揚げを決意する段では当初から「平泉」をめざすことの意味に目覚めていたものの、弟義経と奥州の今後にも及ぶ関係にまで深く考えは及んでいなかったであろう。ただ、黄瀬川での対面以降、こうした事情が次第に分かってくると、義経の様々な言動を看過するわけにはいかなかった。

4　黄瀬川にて兄弟対面

兄頼朝が平家との合戦を始めようとしている、と知った義経は兄のもとへ赴く決心をした。それは全く「兄への協力」という意識そのものだった。秀衡はそれを止めた。しかし、義経の意志が固いことを知ると、秀衡は信頼できる屈強の継信《つぐのぶ》・忠信《ただのぶ》の佐藤兄弟を義経に添えた。その後、この二人はいつも窮地に立つ義経を守った。その活躍ぶりは多くの説話として残っている。

みちのくにあって秀衡が義経を高く買っていた事実は『吾妻鏡』の諸記事、さらにまた『玉葉』に残る秀衡卒伝（死亡記事）などは見逃せない。

……或人の云く、去年（文治二年・一一八六）九、十月の比、義顕（義経）奥州にあり。

秀衡これを隠し置く。十月廿九日、秀衡死去の刻に即し、兄弟は融和をなせ、……各に異心あるべからずの由、祭文を書かせ了りぬ。又、義顕（義経）に同じく祭文を書かせぬ。義顕（義経）をもって主君となし、両人給仕すべくの由遺言あり……。

（『玉葉』九条兼実の日記）

当時秀衡は病に冒され始めており、ここにはその苦悩が浮き彫りされている。平泉の次代を継ぐのはずの自分の長男泰衡は父親から見れば不甲斐なく、心許なく見えていた。「次代は義経」、と泰衡に言い聞かせなければならなかった状態だったのである。つまり義経は次期奥州平泉の「王」の位置を約束されていたというわけである。

（六）義経と頼朝――確執の真相

1 頼朝の目指した「征夷大将軍」とは

文覚上人が様々下ごしらえし、頼朝が決行した「旗揚げ」の目的は何だったのか。

まず、頼朝にとっては源氏再興が最大のテーマだったろう。その宿願はどうすれば成就するのか。

① 京都中心にある政治の打破
② 東国に活動の根拠地を定める
この二点を確認し、さらに第三点目として最終的な目的があった。これこそが頼朝の旗揚げに際しての最大の理由なのであった。
③「みちのく」の制圧
奈良の大仏の黄金装飾以降に畿内の政権が長年その利権を手にしたいと様々な手を尽くしてもここまで独自性を保ってきた「みちのく」。この「みちのく」を制圧すること、それこそが「征夷将軍」という役職名なのであり、この名を得さえすればあるいは畿内の王権などをも凌駕する政治的な中枢を東国の地に設定できるのではないか。

文覚は、頼朝に対し単に旗揚げを教唆しただけでない。桓武平氏が先に目指したものの平将門の乱などに見るように失敗している。その時の残党を含めて今、関東には現状に飽き足りていない多くの武士団があることを知っていた。この「東国武士団」はかつて従った「平氏」への不満を持っていた。この状況を熟知していたのが「文覚」だった。

文覚には諸国行脚の中で「みちのく」を知り、「黄金の意味」を理解していた。ここで頼朝に対し今後の「経済的な背景」について周到に用意すべき目標が見えていたのである。ではその活動拠点となる所はどこがいいのか。言うまでもなく「鎌倉」、それがまず思い浮かんでいた。

これは文覚独自の発想というのではなかった。

それは、とりわけ奈良の大仏の黄金装飾以降に列島内の北方への関心が具体的になり、次第に「えみし」の地の王権が畿内王権と利益の交換をするという具体的な動きが明確に見られる時代に移行してきていた。一方「えみし」側内部では利権相続に絡む勢力の確執も明確化していた。

ところで、明治維新以降の学問の新しい動きでの「国史」で「○○役」と「○○乱」というのがある。「○○役」とくくるのは「文永の役＝元の襲来」のように「対国外とのもめごと」、一方「○○乱」とくくるのは「島原の乱」のように「国内でのもめ事」ということになる。このくくり方で見ると、「前九年・後三年の役」とは「化外の地えみし」と「大和朝廷」とのもめ事というくくりでの名付けであったことがわかる。

なお、大伴旅人は「征隼人持節大将軍」として従わない隼人の征伐に向かっており、旅人の子大伴家持は「持節征東将軍」として従わない蝦夷鎮圧のために蝦夷の地に赴いている。大伴氏は親子の世代間で、「隼人征圧」という時代から「蝦夷征圧」という時代に移行したことを具体的に示した氏族として語られていたことがわかる。

2　平泉四代泰衡、義経を討つ

すでに述べたとおり、頼朝が旗揚げの最大目的を「奥州の制圧」に置いて立ち上がった当初は、まだ奥州で世話になっている義経のことはあまり頼朝の頭の中で重大な問題になっていなかったのではないか。

鎌倉に根拠が定まりはじめ、事が着々と進む中にあって平家討伐に際して義経の参戦があり、さらに活躍があった。そうするうち奥州の平泉側における義経に対する期待の度合いなど、具体的な状況が頼朝の前に見えるようになってきた。それにつれて、頼朝にとって目を見張る活躍をする義経が疎ましいものになっていったのであった。

義経が頼朝のもとで平家を西に追い、壇ノ浦で倒したころから頼朝は彼に厳しく当たり、義経は心ならずも京を逃れる身となり、一時吉野山中に身を隠し、その後北陸を経て再び奥州に身を寄せることになった。

その頃頼朝は、秀衡亡き後の平泉四代目泰衡に「後白河法皇の意志でもある」との形にして「義経を討て」と書状を送った。それを受けた泰衡としては自分の立場を危うくしていた義経を攻めるのにためらいはなかった。頼朝の意向にそえば、その後の生活が安定するはずだという計算があった。

泰衡に攻められた義経は、文治五年（一一八九）閏四月三十日、高館で妻子とともに自害したのであった。頼朝のこうした厳しい仕打ちの背景にはどんな思いがあったのか……。

このあたりのことの経過をもう一度年表風に確認してみよう。

文治三年（一一八七）
　十月二十九日　藤原秀衡、平泉で卒去
文治四年（一一八八）

十二月十一日　奥州泰衡のもとに義経追討の宣旨届く
文治五年（一一八九）
閏四月三十日　義経自害
六月十三日　義経の首、鎌倉へ届く
七月十九日　頼朝、奥州追討のため出発
十月二十四日　奥州追討を終えて、頼朝鎌倉へ帰着

義経の最期の様子を『吾妻鏡』はつぎのように伝える。

治承五年閏四月三十日、己未、今日陸奥国に於て、泰衡、源予州〔義経〕を襲ふ……二品〔頼朝〕の仰に依るなり、予州……衣河館に在り、泰衡兵数百騎を従へ、其所に馳せ至りて合戦す、予州の家人等、相防ぐと雖も、悉く以て敗績す、予州持仏堂に入り、先づ妻〔二十二歳〕、子〔女子四歳〕を害し、次で自殺すと云々

このときの義経は三十一歳になっていた。
一緒に自害した妻子の墓と伝えられる千手院が平泉の金鶏山麓にある。また胆沢郡衣川村の雲際寺には義経と北の方の位牌が安置されている。

義経討伐によって自らの地位と安定を求めた泰衡の期待はあっさり葬られた。泰衡は命令どおり義経を討ったと頼朝宛に知らせを送り、首級を送った。頼朝は首級が届いたのを見て、いよいよ最終的な目的であった奥州征伐のために、大軍団を組んで奥州に向かったのである。

その姿は西の平家に対するときにはほとんどその必要もなかったのだが、このときばかりは頼朝自身が鎧に身を固めての出発であった。泰衡はほめ言葉を期待して頼朝を迎える予定だったが、平泉に着いた頼朝は逆に泰衡を討ち取ることを命じたのだった。そして泰衡は頼朝に命乞いをしつつ、捕まって殺された。頼朝はそのおり藤原三代の残した平泉の佳麗な堂塔の様子を克明に、調べ記録していたのであった。

四　大威徳寺と文覚上人

（一）中部地区の秘史

1　「飛山濃水」と大威徳寺

岐阜県の特徴を端的に表現した「飛山濃水」という言葉がある。

鳳慈尾山大威徳寺の史跡がこの岐阜県の飛騨川に沿った山間の地で岐阜県の下呂市御厩野と中津川市加子母《かしも》との境目になる地域にある。かつこのあたりは飛騨国と美濃国の境目で、この史跡近くには舞台峠があって、この地名「舞台」の由来には頼朝の名が残っている

この大威徳寺は平安時代末期か鎌倉時代初期に創建された密教系の山岳寺院で、さらにその一角は信濃国（現在の長野県）とも接しており、寺の北東の方角には信濃と美濃国境の御嶽山が、そして北西の方角には白山があって、その交点がほぼ九十度に交わるところに遺構は位置している。これは偶然置かれたものではなかろう。

ところで「飛山濃水」とは地形のことだけではなく気候や風土的な面からも対照的であり、そのことによって当然、産業・経済の面でも大きく地域的な違いのあることをも暗に示しており、現在の岐阜県は、言うなら両面の顔を持つ巨人のような地域であると言えるだろう。そしてここは、日本列島の中心部にも位置しており、そのためかどうか、古代からこの飛騨・美濃国境周辺は列島内に重大な政治的変動があったとき何かとかかわることも多く、戦国武将の言った「美濃を制するものは天下を制す」とはそのことを指していたのだろう。

ところで、そういう地域にしては、中古から中世への移行期、別の表現をすれば平安時代末期から鎌倉時代への転換期についてはなぜか話題が薄い。これは近・現代における古代史軽視の問題と重なっているのではないかと私は思う。そうした中で特に注目したいのが鳳慈尾山大威徳寺なのである。

2　「大威徳明王」のこと

『源平盛衰記』第一巻の中「清盛大威徳の法を行ふ」という段に清盛がまだ幼い頃、名高い真言阿闍梨が来訪者に護身加持しているのを見て「何の法か」と尋ねたという話が出てくる。高僧は「五大明王の其の一、大威徳の法こそ、成就あれば必ず天子の位に昇る」と答えた。そこで清盛はその阿闍梨を師匠と頼んでその法を伝授してもらったというのである。これは平安時代末頃には五大明王（五大尊ともいう）への信仰と、その中の大威徳明王に祈願する風潮がかなり強くあったことを窺わせるエピソードである。

『真言秘法・両部神法　加持祈祷奥伝』の「大威徳明王の憎悪及怨敵調伏法」という章に「怨敵悪人に対しては、尤も恐るべき行法」とある。ところで文覚上人はよく五大明王の中心不動明王とのかかわりで語られる人物であり、かつこの大威徳明王とも強いつながりがあった。ところで、この五大明王の秘法は空海によってわが国にもたらされたものであった。

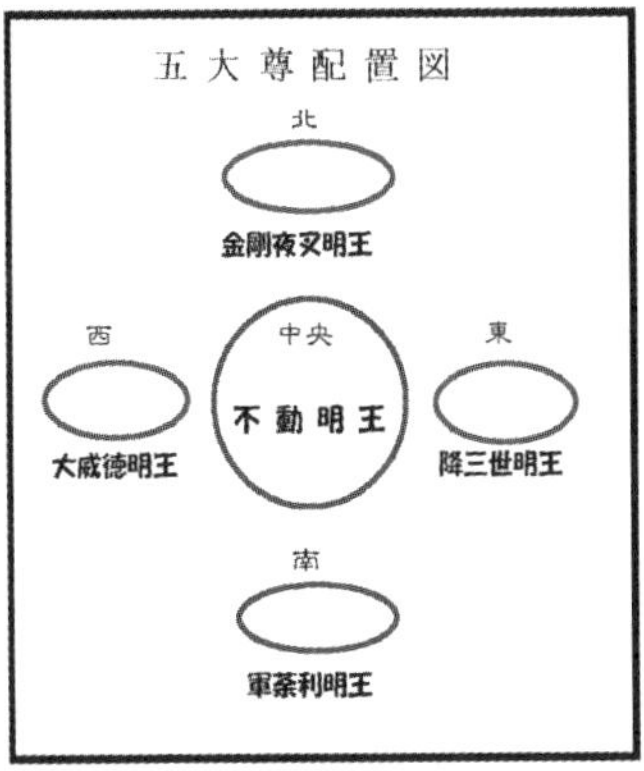

京都駅に降り立ったとき駅の北側に京都タワー、南に五重塔が目につく。この塔は教王護国寺（東寺）のもので、延暦十三年（七九四）京都造営とともに京の南の極に羅城門、その門を挟んで西寺、東寺が造られた。この東寺は空海の真言宗の研修道場であった。

その空海は嵯峨天皇によってこの教王護国寺（東寺）をまかされ、講堂内部に金剛法界と仁王経を合わせた構想のもと、独特の密教の曼荼羅世界を形成した。五仏・五菩薩・五忿怒が配置されており、ここに言う「五忿怒（五大尊）」とは不動明王を中心に置く五種類の明王のことで、いずれも牙をもむき出す「忿怒」の形相である。その中の大威徳明王は阿弥陀如来の化身とされ、西方を守っている。

この東寺はたびたびの災火にみまわれたが、その都度文覚上人を筆頭に保存活動が行われ、伽藍は立派に現存している。なお西寺は現在残っていない。

3　山岳寺院「大威徳寺」

「鎮守は伊豆、箱根、熊野、白山四所なり」のこと

大威徳寺は『大威徳寺略記』に「鎮守は伊豆、箱根、熊野、白山四所なり」との記述がある。私はこの部分に注目し、かつ「文覚上人」との関係をもう少し深めてみたい。

寺の鎮守として挙げられているこの四社は先に述べたように、文覚上人が頼朝を説得し鎌倉幕府創建をめざし、旗挙げする際に大きくかかわっていた重要な寺社であって、この事実を受けて考えたとき、鎮守として、まず「伊豆・箱根」の二社の名があがっているという意味は大きい。これは次の段で見るとおり、大威徳寺が文覚上人と深く関わっていることを実質的に示していることと共に寺の創建時期をも暗示していると思うからである。頼朝にとって平家討伐

を果たし、いよいよ「根拠地鎌倉」を始動し始めた頃、「鎌倉の西方守護」のためにこの大威徳寺が建立されたのではないか、と私なりに思う重要な根拠の一つでもある。

つぎに熊野と白山であるが、熊野は文覚出家の際の滝修行で知られ、そして白山信仰は泰澄の名と共に畿内王権の方には向かわず、多くの史跡をみちのくに残しており、三代藤原氏の繁栄の証である平泉中尊寺等の文化はこのみちのくでの白山信仰のまっただ中に生まれたものであった。このことを思えば、いよいよ「みちのく」を目指そうとしている頼朝にとっては「鎮守四所」として必須のものだった。

(二)「関東・鎌倉」から「畿内」を見る西端の要害

1　鎌倉幕府「草創・経営」祈願の寺

①「鎌倉」より北を睨む拠点としての寺院

▼長尾山威光寺のこと　川崎市多摩区長尾に妙楽寺という寺がある。もとの名は長尾山威光寺という。源頼朝は、鎌倉幕府草創期に弟の全成（幼名今若丸）を威光寺院主として派遣し、寺領を手厚く保護した（『吾妻鏡』治承四年一一月十九日記事）。この寺は重代の源氏の祈願寺だったという（『吾妻鏡』治承五年正月二十三日記事）。

威光寺が頼朝に大切にされた理由は、前九年・後三年の役以来源家の祈願所であったからということと共にこの長尾の丘陵は幕府を運営する上で鎌倉の外郭として、多摩川とその右岸の丘陵地を軍事的な目的から重視していたためだった。北の脅威から鎌倉を守るための防衛拠点として多摩川右岸の長尾山威光寺は造営されていたのである。威光寺の周辺には武器を調達する鍛冶集団も存在していた。

②「奥州平定」成就祈願の寺々

▼江ノ島の八臂弁才天のこと

文覚上人が頼朝の要請によって京都から勧請した像である。これを安置した理由は『吾妻鏡』の寿永元（一一八二）年四月五日の記事に「此の事鎮守府将軍藤原秀衡を調伏の為なり」とあるように、奥州の平定を祈祷することが目的だった。文覚上人はその弁才天の前で二十一日間の参籠・断食の行を果たして、四月二十六日に幕府に出向いている。

この『吾妻鏡』の記事の注目点は、「寿永元（一一八二）年四月五日」とあるこの日付である。これは頼朝が鎌倉入りを果たして二年目になるころで、平家が壇ノ浦で亡びるより三年も前のことであった。頼朝の挙兵に対して秀衡を陸奥守とするという後白河法皇の一種の陽動作戦に対する牽制の意味もあったに違いない。しかし、それ以上に、西の平家との合戦のことより「みちのく」を重視していた文覚上人の示唆を受けた頼朝の強い意志のあらわれだった。

▼伊豆韮山の願成就院のこと　頼朝の妻政子の父親である北条時政が自分の本拠地である伊豆に願成就院を建立している。これもその最大の目的は、「奥州征伐の事を祈らんが為、伊豆国の北条の地に伽藍建立を企て、立柱上棟、則ち同じく供養を遂げらる」（『吾妻鏡』文治五年五月五日）とあって、頼朝が無事奥州平定出来るよう祈願するためだった。

▼都幾山慈光寺のこと　埼玉県にある都幾山慈光寺でも奥州調伏のための祈祷が行われていた。「都幾山慈光寺実録」によると、この寺は「白鳳二年（六七三）創建の観音霊場で役小角も西蔵坊を設けて修験の道場を開いた」とされ、慈覚大師（円仁）の立ち寄ったとする伝承も残っている。

この寺について『吾妻鏡』文治五年（一一八九）六月二十九日の記事に「奥州平定成就を祈願して頼朝が愛染明王像を納めた」とある。その後、祈願成就のお礼として頼朝が愛染明王の御供米の寄進をしたことも『吾妻鏡』に出ている（文治五年十月二十二日）。

2　「鎌倉」を守る東海道筋の拠点

前の部分では、幕府草創前後における鎌倉以北の守りとして重要な寺を確認したが、同じ頃西からの攻撃に対する守りについて、東海道筋での対策はあったのだろうか。頼朝が、鎌倉入りはとりあえず果たしたものの西からは、旗挙げに驚いた平家一門が頼朝をつぶそうと波状攻撃をしかけていた。

治承四年（一一八〇）十月十六日、頼朝は駿河国に向かっていた。平維盛らが数万騎を率いて東に移動している、と知らせがあったからである。

頼朝は十八日に黄瀬河に着き、さらに富士川まで進み、その川のほとりで対岸の平維盛らとにらみ合った。ところがその夜半のことだった、水鳥の群れの羽音に驚いた平氏の軍勢は一斉に敗走してしまったのである。頼朝は、戦わずして戦に勝ち、それ以降、平氏との合戦に頼朝は参戦していない。

普門寺のこと

現在、鎌倉幕府成立前後にかかわった話として東海道筋の「三河」「尾張」や「濃・飛」など中部地方における出来事については、ほとんど語られていない状況である。そんな中で、私は東海道筋にも「文覚伝承」を持つ寺があることに大きな意味を感じる。以下、まず豊橋市雲谷町にある普門寺のことを確認したい。

普門寺の創立は奈良時代、行基菩薩が船形山の眺望に霊気を感じ、観音のお告げに接した。そこで二尺八寸の聖観音立像を自ら刻み、聖武天皇のお言葉もたまわって神亀四年（七二七年）普門寺が建設された。（「三州船形山普門寺略縁起」）

ここに文覚上人も来て五壇の法を修したといわれている。このとき、文覚は仏師に命じて護摩堂の本尊として不動明王を刻ませた、と伝承されている。

創建当時の本堂は現在のお堂より奥、山の中腹にあり、いささか急な山道を十五分ほど歩くと堂の跡に着く。その近くに「文覚祈りの泉」と呼ばれる泉がある。この寺が水に困ったとき文覚上人が祈るとたちまち泉が湧き出でたとされる泉である。

大威徳寺とさほど離れていないこの地に、平家追討のための修法をしたという文覚上人の話が残っているのである。こちらの寺の創建が古いことを除けば寺のある立地条件等々、大威徳寺に非常に類似したところの多い寺である。

わが国での合戦史を見ると、その多くが遠江・駿河周辺と三河、尾張、そして濃尾から中部山岳地帯が舞台だった。古代では壬申の乱でも美濃は重要であり、あるいは戦国時代の多くの合戦場がこれらの範囲の中にあった。例の天下分け目の関ヶ原合戦については言うまでもない。

3　「濃・飛」に残る伝承

いよいよ「濃・飛」に残ったさまざまな要素、そして発掘調査の行われた「大威徳寺跡」の持つ意味合いを『平治物語』や土地の遺跡、さらにはさまざまな伝承などをとおして改めて考えてみたい。

①源義朝と美濃国青墓

▼古代のオオ氏と美濃国の大炊氏

「平治の乱」（一一五九年）で敗れた義朝が美濃国の青墓（岐阜県大垣市）に逃れ、そこで死んだことを伝える話がある。

平治の乱で破れた源氏の総大将源義朝（三十七歳）と、長男義平（十九歳）、深手を負っている次男朝長（十六歳）、そして三男頼朝（十三歳）、これら親子を含む主従八騎は、再起の機会を探るため東国をめざしていた。一行は馬を捨て吹雪の伊吹山麓に分け入った。しかし、苦悩の連続だった。しかも雪の中で一行での最年少だった頼朝は皆とはぐれてしまったのである。

父親の義朝、長男義平、次男朝長は、なんとか大垣の青墓宿に辿りついた。義朝にはこの青墓宿の長者大炊の娘延寿とのあいだに十歳になる夜叉御前という娘がいたのである。しかし、休む間もなく義朝は東海道へ、義平は東山道から飛騨路へ、朝長は信濃へ散ることを語り合い、源氏の立て直しをはかることにした。

ところが重傷を負っていた朝長はこのまま進む自信を失っており、すぐ義朝の元に戻った。父義朝はその手で息子を介錯したのであった。義朝自身は、さらに養老の地に住む比叡山の僧の助けで、柴木を積んだ船に隠れて杭瀬川を下った。ところが尾張国の内海まで来て平家からの恩賞をねらう家来の長田忠宗によって風呂場で刺され、あえなく最期をとげることになった。

そのころ飛騨国へ向かっていた義平は、途中で父の死んだことを知った。そして清盛を討とうと思い立ち、道をとって返し都の六波羅に戻ろうとしたのである。しかし平家方に捕らわれ、六条河原で誅せられたのであった。

一方、雪の中ではぐれた頼朝は鵜飼人に助けられ、翌春、女装して青墓宿にあらわれた。しかし、そこで、押し寄せた平家方に捕らわれてしまう。その後、処刑されるところであったが池禅尼の計らいで命は助かった。ただし、伊豆へ流されることになったのである。

（『平治物語』より・意訳筆者）


右は『平治物語』の語る義朝と子供達の話である。この話の展開したところが青墓を中心とした美濃一帯であった。

私は、かつて『平治物語』を読んだとき、義朝親子の集合地であったこの「青墓」を初めて知った。ここはまた美濃赤坂とも呼ばれる杭瀬川の右岸である。かつてこのあたりは船を使っての物流の拠点であり、またさまざまな街道の一点に集中するところでもあった。谷汲巡礼街道・東山道・中山道そして東海道、等々の重要な道の分岐点にあたるこの地域には『記紀』神話にも語られている「喪山」があり、また古墳が多い。花岡山山頂古墳・昼飯大塚山古墳・粉糠山古墳・遊塚古墳・八幡山古墳・東山田古墳・長塚古墳・高塚古墳等々美濃を代表するような古墳が数々ある。

これらのことはこの地域が古い時代から、いかに文化が栄えていたかを示しており、青墓に隣接する青野ヶ原には美濃の国分寺があり、その西隣の垂井の地には国府もあった。

▼「赤坂・青・多・大炊」の意味のこと

義朝が子どもたちを連れて、最後にこの地にやってきた、そのことの中に義朝が若い頃からこの土地の持つ意味を十分に認識していた事実が窺われる。実は義朝は土地の豪族大炊《おおい》氏と十分なつながりを持とうとしており、その娘との間に子までなしていたのであった。

この豪族の大炊氏とはどういう一族だったのか。この氏は壬申の乱で活躍した多臣品治《おおのおみほんじ》の末裔である。青墓の長者とも呼ばれるほどに力を持ち、この地を長期にわたって治めていたのだった。

義朝がこの大炊氏とのよしみを持ったというのも、ここが、古来から「我が勢力の拠点にしたい」とするほどに意味のある土地だったからに他ならない。

多臣品治の「多氏」とは渡来系の氏族であり「太・大・意富・飯富・於保」などとも記される。その氏族は諸国に盤踞し、各土地での古代史の中で重要な役割を果たしているのである。大和岩雄氏は『秦氏の研究』で多氏と秦氏とのかかわりを述べ、谷川健一氏は『青銅の神の足跡』で多氏と「青一族」のことを語り、ともに、古代史の中での金属の問題と、この一族が深くかかわっていたことを指摘している。

「多＝おお」と「青＝おお」とのつながりで、地名などの「青」は「多氏」とかかわりがあり得るとすると、今ここで見ている「青墓」「青野原」の「青」もまさに「多氏」とのかかわりの上から考えてよい地名なのである。

このことから、掘り下げるべき観点は土地が鉱物資源とのかかわりで重要であり得、土地には「大炊長者」という説話の中で、鉄の精錬や鍛冶技術で財をなした在地の権力者の面影が窺われるのである。

②悪源太義平の伝承

義平の別伝は父と別れ飛騨国への道を進み、越前方面で再起をはかることになっていた。この地を選んだ意図の背景に、母の実家が飛騨路の奥、越前足羽の地にあったという。また、義朝の家臣としてこの義平を常に保護し活躍した斉藤別当実盛も、実はその根拠とする地が同じく越前の足羽であった。

その越前足羽に向かう途中の福井県大野郡和泉村（穴馬）に「悪源太義平」の伝承が残っている。これは貞亨二（一六八九）年に成った『越前国地理指南』に述べられた話であって、これをもとにした土地の伝承は次のように言う。

村の長、朝日助左衛門で、その娘お光と義平は愛し合うようになり二人の間に子ができた。しかし、義平は、父の首級を取り返すために京に向かうことを決意し、村を去るときに義平はお光に、生まれてくる子が男なら源氏として再起の旗揚げを期すようにと刀と源氏の白旗を、女ならこの笛で菩提を弔ってくれ、と一本の笛を残した。この笛が今も義平とお光の子孫とされる家に伝わっており、いつからか青葉の笛と呼ばれるようになった。

ところで、この地域に語られるその他の民話伝承を見ると「かっぱ」「山姥の話」「黄金の斧」「すべて金」「蛇が池」「桃の小太郎」「大蛇の精」「藤吉郎とおうす」……と、鉱山や金属精錬などが行われた地域に見受けられる類いの話が数々ある。このことは、この地域が長い時代にわたって、鉱物資源の豊かなところとして時を重ねて人々から関心を持たれ続けてきていたことを感じ取らせる。

福井市清水町にも義平をかくまったという伝説が残っている。それは、義平が以前、鉱山の事で飛騨から越の地に来たおり、知り合った清水村の富豪がひととき彼をかくまってくれたというものである。

これらの伝承に何らかの真実があるとすれば、義平も鉱山にかかわる用事で、言い方を変えれば、武器調達のために飛騨路を使って日本海側へ何度か足を運んでいたことがほの見えてくる。

▼ヒヒ退治と祖師野八幡　飛騨の地にも義平の伝承がある。下呂市金山町岩瀬である。ここは古代から妙見信仰の要素も持って語られる謎の巨石群のある岩屋岩蔭遺跡があって、この遺跡にまつわる義平の登場する興味深い話が残っているのである。祖師野八幡にある『祖師野八幡略記』、あるいは土地に残る伝承では次のように語る。

平治の乱（一一五九年）で平清盛に敗れた源義朝の長男義平（悪源太義平）は、美濃から飛騨に潜伏して再起をうかがっていた（金山町中切に町指定史跡源太屋敷がある）。そんな中で、祖師野村には米や金銀財宝や娘などを要求する狒々《ひひ》が出没し、人々を困らせていた。義平は村人からその狒々を退治することを依頼された。そこで、岩屋（岩屋岩蔭遺跡）の付近にこれを追い詰めて討ちとった。義平は村に残るように村人たちから頼まれた。しかし大望を抱いているため、村人に狒々を退治した愛刀を与えて立ち去ったのだった。その時の太刀は伯耆国の住人安綱の作った名刀だった。

村人はその後、恩義のある源氏の再興と武運長久を願い、養和元年（一一八一）には源氏の氏神である鎌倉鶴岡八幡宮の分霊を迎え、ここに八幡宮を創立した。神剣は現在でも祖師野八幡宮に保管されている（神剣祖師野丸＝県指定重要文化財）。

私はこの祖師野八幡宮に残る神剣祖師野丸が「伯耆安綱作」と伝えられていることに注目したい。それというのも、先に義平が北陸方面に伝承が多く、「武器調達のために飛騨路を使って日本海側へ何度か足を運んでいたことがほの見えてくるのであるが、そのことと、ここにある、義平が残したとされる神剣の制作者の伝承とがぴたりと重なるからである。

この刀工である伯耆安綱については伯州刀工の始祖ともいわれている人物であり、東京国立博物館の刀剣展示リストの中にも「国宝・太刀・伯耆安綱・銘　安綱（名物　童子切安綱）・

平安時代・一〇～一一世紀」という形で名を残している。ここに出てくる祖師野丸という刀はそうした系列の中に入るまさに名刀なのである。

4　大威徳寺創建年代のこと

頼朝が伊豆にあったとき、文覚の心にあった「頼朝旗挙げ」のもつ重大なテーマは、逼塞した時代の打開であり、その実現のために「みちのく」のもつ活力を手中にしたいということであり、一旦力を失った源氏の再興を期して頼朝に立ち上がることの意味を説いたのだった。義朝の髑髏を見せて頼朝の旗揚げの決心を促した、というのはそうした状況の説話的な表現なのである。

伊豆で説得しつつ文覚上人の頭には、根拠とする場所は「鎌倉」。畿内勢力との対峙は「濃・飛の地」。こんな構想もできていたに違いない。「旗挙げ→石橋山敗戦→房総半島→鎌倉入り→……」と流れるその後の展開を結果的に見直したとき、当初からのそうした構想を持たない状況はあり得ないからであり、大威徳寺の発掘状況等を勘案して見たとき、文覚の構想の中に大威徳寺を建てる案も既にあったことを新たに加えてもいいかもしれない。「本拠地としての鎌倉造営」とほぼ時間的に重なる時の流れからみて、それは十分あり得ると思うのである。

そして大威徳寺創建構想のその際、祖師野の地に残っていた義平の話が文覚上人にとって重要であり、一方の頼朝にとっても、これは決心を早めるにあたってどんなに重大な要素であったことか、と改めて思うのである。

大威徳寺の創建年月日にかかわる明確なものはなかった。ただ遺跡の発掘によって平安末から鎌倉初期の創建であろうという状況は見えていた。

そして先の祖師野八幡宮に関して創建年代の「養和元年八幡創建」の記事が気になる。つまり「名刀祖師野丸」に絡んで「養和元年（一一八一）には源氏の氏神である鎌倉鶴岡八幡宮の分霊を迎え、ここに八幡宮を創立した」ということであり、大威徳寺の創建された時期がこの年代とほぼ同じ頃であったと推定することに無理がない。ひょっとすると両者は時を同じくしての創建だったとは考えられないだろうか、いや、それ以上に大威徳寺と八幡社は一対のものだった、とは考えられないだろうか。「祖師野」の「祖師」とは源氏の再興にかかわった「（神仏習合時代における）導師」と考えてみれば、見えてくるのは「文覚上人」ということになる。

なお現在大威徳寺史跡保存会という機関が主催して、発掘調査で確認した大威徳寺の遺跡内に建っていた建造物を視覚化するためのＣＧ作りが、伊藤武氏らを中心に進められている。

終　章　文覚とは誰か――「文覚像」の消長

一　文覚像の確認

私はこの本の冒頭、「序章」で、

『源平盛衰記』での「文覚」の名は「曾《そ》・巻第十八」、「津《つ》・巻第十九」「巣《す》・巻第四十七」などではそれぞれに複数の「小見出」内に登場しており、その数は『平家物語』での比ではない。

と指摘した。つまりそのことは『平家物語』と『源平盛衰記』両書が文覚を他の登場人物以上に重要視しており、さらにその上に『源平盛衰記』ではその度合いが『平家物語』以上であることを述べたところである。

そしてこの本では第一章、第二章で、史料をとおしてこの文覚がどのように「みちのく」とかわり、そのことによって頼朝の鎌倉幕府草創においてどのようにその背後を支えたかについて述べてきた。

ところが、草創にそれほどまでに寄与したその文覚が、近代になって明治二十年前後まではさておき、それ以降、次第に国の歴史の中で語られることが避けられていった事実があり、それが戦後になっても、今日まで続いており、幕府草創で当然頼朝の名は上がっても文覚の名はまず聞くことがなくなってしまっている。この事実は、文覚上人一人の問題なのではなく、「鎌倉史」そのものの重要な部分が欠落したままであることの象徴的な事項なのだと思うのである。

私はこの「終章」では、「消えた」というべきか「消された」と言うべきか、いずれにしてもその文覚を通して「鎌倉時代」の日本史における意味を考えてみたいのである。

(一) 遠藤盛遠の出家

はからずも愛する袈裟御前を手にかけてしまうことになって手厚く弔った後、文覚と名を変えた盛遠は本格的な修行の旅に発った。

その様子は『平家物語』での「文覚荒行」の段や『源平盛衰記』の「龍神三種の心を守る事」に語られている。

歌舞伎などでもてはやされた那智での滝修行の様子だが、これはすさまじい行《ぎょう》だった。時あたかも冬のさ中。水も凍り付くほどの寒さの中で修行は始まった。文覚は死を覚悟してのことだった。この修行で死んでしまうものならそれも仕方がない、との袈裟御前への贖罪の思いがこもっていた。

その心が通じてか、ひとたびは凍えて仮死状態になって川の落水に流された文覚であったが、祈念していた不動明王の二童子によって救い上げられたのであった。息を吹き返した文覚に気づき人々はもう無茶はするなと言った。しかし文覚は再び滝に向かった。そして二十一日間の行をやり遂げてしまったのであった。

この話は俗世間に生きていた「盛遠」の死であり、僧としての「文覚」の誕生を語っている。その後文覚はさらに那智山に籠って千日の行を遂げ、いよいよ十年にわたって日本全国の修行の道場である山々を巡って歩くのであった。

奈良時代に仏教は国家公認の宗教となったが、それは大寺院中心の都市型仏教の発展となり、僧侶も教学的学問を重んじた。一方、義淵や道昭など山岳を修行の場として荒行によって大自然と一体化する中に悟りを求めようとした旧態の僧侶を排斥した。国の公認を受けず修行を続ける僧侶を優婆塞《うばそく》、優婆夷《うばい》と呼んで遠ざけた。

しかし、このような山岳に修行の場を求める僧侶たちの生き方は、真の密教に関心を持った空海に受けつがれて平安時代に到っている。

文覚はこの空海の生き方をよしとして敢えて都市型の僧侶となることを避けたのであった。

これは京の公卿の社会に組み込まれている都市型の仏教を正統とする僧侶たちの発想からすれば粗野に見えたことも確かであるが、一方では恐ろしい力を具えた僧という畏怖の念も抱かせたのであった。

（二）各地の滝に残る文覚伝承

文覚と滝が結びついているのは『平家物語』や『源平盛衰記』に書かれている内容があまりにすさまじいからである。

比《ころ》は十二月十日余りのことなれば、雪降り積り、つらゝ凍て、谷の小河も音もせず。峰の嵐吹き凍り、瀧の白糸垂氷となり、皆白妙に押し竝べて、四方の梢も見え分かず。然るに文覚瀧壷に　下りひたり……

（「平家物語」―文覚荒行）

比は十二月中旬の事なれば、谷のつららも堅く閉ぢ、松吹く風も膚にしむ。さらぬだに寒きに、褌許りに裸になり、三重百尺の瀧の水、糸を乱して落ちたぎる瀧壷にはひ入りて、身に任せてぞ　打たれける。……

（「源平盛衰記」―龍神三種の心を守る事―）

十二月の中旬頃と言えば現在の一月も末になる。時は正に真冬である。首まで水に浸って不動明王の呪を三十万遍唱える決心であった。四日五日と日がたつにつれて体力も弱って、水の上に浮かび上がって押し流されてしまった。しかしそこに不動明王眷族の矜迦羅童子《こんからどうじ》、勢多迦《せいたか》童子《どうじ》が現れて瀕死の文覚を助けたのであった。文覚は二童子が現れたことこそ不動明王の許しが得られた証拠であると自信を持ち、再び滝に向かった。極寒の時期ながら「瀧壷も湯の如し」と更に二十一日の行をやり遂げるのであった。

この話があるためか、それとも歴史的な事実があってそれが定着したためなのか、文覚と滝を結び付ける伝承は多い。

▼那智の文覚の滝　熊野三山の那智大社の御神体とされる大滝の滝壷下流に小ぶりの滝がある。これが文覚の滝と言われ、那智の四十八滝の一つに数えられている。

さて、文覚が那智山に籠り、滝に打たれて修行したというのは事実なのか。それとも『平家物語』や『源平盛衰記』が面白く作ってしまったものなのか。余りにもポピュラーな「文覚那智籠り」として語られた文覚の滝修行は果たして事実的背景があったのかどうか。文覚にゆかりの深い神護寺には文覚真筆の般若心経が残っており、その経の末尾に注釈書きのように「右此心経真言文覚上人熊野参籠之時……」の書き込みがある。それを見てもわかるとおり、文覚滝籠りの事実があったのである。

滝は修験道において重要な行場であり、滝修行ではなぜか文覚上人の名は全国に数多い。

文覚上人の修行を伝える滝の重要なものを紹介してみよう。

▼称名滝　立山の弥陀ヶ原を水源にした称名川に那智の滝を凌ぐ日本で一番高い落差を誇り、国指定の名勝天然記念物でもある称名滝《しょうみょうだき》がある。ここは文覚上人が修行した滝としてよく知られている。ほぼ同時代を生きた滋円が『愚管抄』に「天狗の行をなす」と、言ったことでもわかるように、同時代の人から既に文覚は「天狗」と思われていた。天狗とは山岳で修行を積んで身に特別な能力を授かった人を指す言葉であった。

大日岳、剱岳、浄土山など三千メートル前後の山々を擁した立山連峰は古くからの有数な修験道の行場であった。麓の芦峅寺《あしくらじ》の雄山神社にはかつて神仏習合していた当時の様々な遺物が保存されており、中でも数々の立山曼荼羅は昔の信仰の様子を如実に伝えている。そして美濃、飛騨、信濃に渡る中部山岳地帯の鉱物資源の豊富な所に文覚の足跡があり、この立山はその延長上にある。

立山の称名滝

▼遠藤ヶ滝　吾妻朝日連峰の外れにある福島県の岳《だけ》温泉の近くに、やはり文覚上人が修行した行場であると伝えられている滝がある。文覚上人の俗名である遠藤盛遠にちなんでこの滝を、「遠藤ヶ滝」という。

安達太良山に水源を持つ杉田川は阿武隈川に注いでいる。この杉田川に来掛かった文覚は川に梵字で「カンマン」と書かれたへらが浮かんでいるのを見て、この山が不動明王のおわす山であることを知り、川を遡行してこの滝を見つけたのだった。滝の脇に岩がせり出して室を形成している。上人はそこに籠って荒行を修めた。時に嘉応三年（一一七一）のことであると土地の伝承は語る。

▼洒水の滝　神奈川県の箱根連山のはずれ、金時山（猪鼻岳）を経て足柄峠の先、矢倉岳東方の平山という山に水源を発して洒水《しゃすい》の滝は流れ落ちている。関東地方にあっては日光の華厳の滝についで大きな滝と言われている。ここも文覚上人が修行したという伝承がある。『新編相模国風土記稿』では「蛇水の滝」と出ており、

古僧文覚百日ノ行ヲ修セシ旧跡ト伝フ。大日堂本尊ハ文覚ノ作ト伝フ

と説明している。

箱根連山の一角に位置する足柄峠に近いこの洒水の滝に文覚上人の足跡伝承が残るのは不思議なことではない。しかもこの足柄周辺は古代からの官道があり、交通の要衝であると共に箱根の修験道にとっても重要な場所であった。

相模国には他に丹沢の東の外れの八菅山《はすげさん》を本拠とする修験道の一派があって、やはり頼朝の

旗揚げを援助していた。丹沢の背後にある甲斐国の勢力を味方にするにも敵にするにもこれらの修験道各派の協力がなければならず、洒水の滝はそれらの地理的な中心の場所にある。

▼奈古谷の不動滝　奈古谷《なごや》というのは箱根連山と伊豆の連山の接点に当たる十国峠の麓、韮山峠に近い丘陵地帯にある地名で、伊豆に流された文覚上人が住んでいたところである。頼朝の流寓地とされ、狩野川の氾濫原にある蛭ヶ小島とはごく近いところであり、山木兼隆ににらまれながらも二人が会って旗揚げの密議をするにはうってつけの地理条件である。

「箱根山縁起」によると

寿永年中、頼朝瑞夢有り。月旦に粛《つつし》みて神壇に詣づ。仍《すなは》ち、文学（覚）をして豆州奈古谷に多聞堂（多聞天と毘沙門天は同じものの別名）一宇を建てしめ、当山の駒形神を遷《うつ》し奉る。即ち国家鎮護の為なり。（原漢文）

とある。

つまり、頼朝が良い夢をみたので、国を守るために文覚に多聞堂を建てさせてそこに箱根山の駒形神を勧請したというのである。

（三）不動信仰と文覚

滝と不動明王の信仰は非常にかかわりが深い。「不動滝」の名の滝は全国のいたるところにあり、名前は別でも滝の脇に不動明王の像をよく見る。では一体この不動明王信仰とはどういったものなのであろうか。そもそも不動明王信仰と空海との関係は深い。

延暦二十三年（八〇四）に遣唐使に加わって入唐し、大同元年（八〇六）に帰朝した空海の唐滞在はわずか二年間に過ぎなかった。ところがその間、恵果《けいか》の修めていた密教の奥義を学んで日本に持ち帰ってきた。

密教には智（精神の原理）を説く金剛界《こんごうかい》、理（物質の原理）を説く胎蔵界《たいぞうかい》の両部の教えがあってそれぞれに大日経があり、恵果はその両部について日本から渡った空海の能力に感じ入って「奥義を伝えるのはあなた以外にいない」と空海にその教義を伝えたのであった。

大日如来の化身が八大明王など様々な明王となるが、その明王の中心が不動明王なのである。つまり文覚が出家するにあたってまず不動明王を我が身に得たいと願ったのは、空海と一体になろうとしたことなのであった。

1　修験道と神仏習合

空海招来の密教は権力者に利用されながら発展していった部分と、権力とは付かず、離れずといった独自な道を歩んで行ったものとがあり、複雑な展開を示した。とりわけ、日本古来の民間信仰の中に培われた山中を修行の場としていた自然神道的な宗教と習合していった密教は、新しい形の修験道として発展した。

宗教的な形態としては各地の山岳寺院の形成となり、あるいは神宮寺となって仏と神を同時に祀る形が一般的なものとなって行き、約千年の間、日本の社会に大きな影響を与えて来たのである。

どの時代においても修験道は時の権力者にとって関心を持たれた。密教の僧侶や修験道の道士たちを敵にまわしてしまったとき、その権力は危うくなり、味方にしたときは計り知れない力を提供してくれた。もともと異次元の集団だからこそ、その力は発揮されたのである。

2　修験道と鉱物資源の開発

宗教の統制によって陰に隠されてしまった歴史の一面があるのだが、それはどんなものであったのか。

実は密教の呪法の一つに鉱物資源の探索というのがあったことを忘れてはいけない。水銀のように本来は不老長寿を果たす薬を得ることが主な目的で探られていたのであったが、時代が進むにつれて様々な知識も加わり、それら鉱物資源は権力の富の象徴にもなり、さらには権力を維持するための武器の原料としての意味も大きくなっていったのであった。

修行者たちは自らが権力者の位置につくことにはほとんど目もくれず、権力者を操る側の立場をとり続けた。重要な鉱脈などが発見されると、そこは大蛇が出て人を食う、とか祟りがあるから近付くなと封じた。こうした状況が近代の歴史学で金属に絡む要素を「聖なる学問」の分野からはずしたり、かくしたりしてしまったのである。

3　明治以降の修験道

歴史そのものを消す明治の宗教改革

先進諸国の近代科学の進歩から立ち後れていることを知った維新当時の日本は呪術や迷信の温床でもあった修験道そのものを禁止した。それは神仏の習合した形の宗教を禁ずることとセットであったが、神的な要素と仏的な要素とを分離した上で歴史のある一面を隠すとともに国民の精神面をまとめる方法論として神的な要素を奨励したのである。

この神仏分離と排仏毀釈によって山伏たちの活動の場であった山中の多くの寺院は神道色のみを全面に出すことになり、仏教がらみのものが手当たり次第破壊され、「神宮寺」などと呼ばれていた建物の多くは純粋な神社という形に変えられたのであった。

▼神仏分離　欧米の近代化に遅れをとっているという自覚の中で明治政府は慶応四年（一八六八）、別当職や神社にいた僧侶に対して復飾令、神仏判然令、還俗令をあいついで出した。

当時神社にしろ寺院にしろ大なり少なり神仏が習合しているのが当然であった宗教界は政府の政策に慌てふためいた。新政策のもとでは仏教への風当りが強かったので僧侶は慌てたのである。とりわけ神仏習合が著しかった権現社に奉仕していた修験道の道士はその生活の根底を揺ぶられたのであった。これらの人々が当時いかに悲惨であったかを箱根権現の様子に見てみよう。

分離当時の談話を聞きしに、当時の金剛王院住職は復飾し、箱根太郎と改名し、箱根神社の神官となり、金剛王院は廃寺し、その敷地、建物、仏像、仏具は自然に箱根氏の私有に帰し、数多くの仏像、仏器は顧みる者も無く、堂ヶ島の弁天社に持ち出し、三四日も焼き捨てし。

（「箱根地方廃仏談」）

神仏分離に付ては、当神社の如き仏臭味の最も濃厚なりしに拘はらず、山間僻陬の地なりし故外部よりの暴挙は無りしも、当、末世の別当復飾神主箱根太郎と云へるもの、余りに思慮なかりしか、ただ徒に周章狼狽なし、今にも破却に来るならんと驚き迷ひ、村民に申し付けて、仏像に類するものは、悉く持ち出して、或は塔ヶ島弁財天社に、或は元箱根村興福院に、隠匿し、然も大半は同寺前にて焼却烏有に帰せしめたりと云ふ。

（「旧箱根権現神仏分離の始末」）

といったありさまであった。

これらの背景の中で明治維新の新政府は、尊皇思想の徹底をはかるために祭政一致の政策を掲げ、この神仏分離の論理を新たに強力に打ち出して神道の国教化を推進し、国民の思想統一に利用したのであった。

▼廃仏毀釈　神仏の分離はその背景に儒教思想の国粋的な展開が重なっていた。それを明治維新の政府は国家の近代化政策の中に利用した。欧米諸国の文化面からの立ち後れは明白であり、世界の仲間入りを果たすためには荒療治も必要ということで、富国強兵の政策の陰に徹底的な思想統一を図り、効率の良い政治態勢のあり方を模索したのだった。

そのため日本における「近代化には王政復古」という相矛盾した形が取られたのである。天皇制を全面に押し出し、万世一系を語り、我が国が神国であるという教育を行い、神ながらの道が日本固有の宗教であり、仏教は外来の蕃神を祀るものであるとして排除。祭政一致の政策によって神道の国教化が図られ、全国に寺院の打ち壊し、仏像の廃棄、僧侶への圧力の嵐が吹き荒れた。その結果多くの梵鐘や金銅仏は潰されて金属の塊りとなり、寺々にあった文化財は壊され、廃棄され、あるいは外国に持ち去られて行った。

一方、神社の方にも大きな変化があった。各地の民間にあった地方の神社などでは祭神のすげかえが行われ、かつ格付けによる権威化が図られた。

例えば明治維新前まで鶴岡八幡宮が仏教的な要素も持っていたことを、現在の日本人自体がどれだけ知っているだろうか。あるいは奈良では春日大社と興福寺が分離され、僧侶は春日大社の神官となり、興福寺の方は省みる者もなく放置され、広大な庭園は破壊され、五重の塔は当時二十五円で売りに出された。買い主は金具を取り出すために壊そうとしたが、壊すための費用がかかりすぎるということで取り止めにしたという話もある。

近代になって変えられた神仏習合を元に戻すには単に、かつての宗教の主流が神仏習合していたという事実を示せば足りるというわけではない。問題は近代の歴史学が捨て去った「歴史の真実」の復原、再構成の意味とは何かの議論も進んでいない。そこには学者間に権威への忖度があるためのように私には思える。

これは長い年月を経て展開していた日本の文化史の否定である。現在の日本人のほとんどは歴史的文化遺産を見ても実はその長年の実際について正しい解釈ができないままでいるのが現状なのである。

（四）「みちのく」「鎌倉」での文覚関係遺跡

1　みちのくでの文覚史跡

▼荒沢神社　宮城県本吉郡南三陸町（旧志津川町）にある神社で、もとは神仏が習合した龍

田明神。文覚上人が修行する際に持って来たと言われる不動明王が安置されており、この近くには文覚堂・文覚塚などがある。ここは藤原氏の繁栄を支えた産金の地でもある。

▼桃源院　宮城県志田郡松山町千石に桃源院という寺があり、この寺の説明に、

応永八年（一四〇一）文覚上人即ち遠藤盛遠の九世、従六位上出羽守遠藤盛継が、志田・加美・玉造三郡の奉行として来封、以来七代二〇〇年に亘り居城した所であります。安政六年（一八五九）建立の文覚上人遺址碑と文覚上人の水垢離の池があり、人工の池でありながら今でも水のかれることはありません。昭和四五年に遠藤家の七七〇年法要があり、石灯の記念碑が建てられました。

とある。前の荒沢神社と合わせてこの周辺が「みちのくと文覚」を考える上で、重要な土地であることがわかる。なおこの地には縄文の遺跡や古墳時代の金屋亀井囲古墳群、さらに古墳時代終末期の横穴墓群などがある。

2　鎌倉での文覚遺跡

幕府の開かれる発端となった伊豆の各地だけでなく、当然鎌倉とその周辺には頼朝と文覚に

かかわる伝承は数々ある。この詳細は拙著『文覚上人一代記』に書いたので省略するが、ここでは特に鎌倉を中心にした文覚伝承の幾つかを紹介したい。

▼文覚屋敷跡　鎌倉に滑川という川があるが、この川のほとりに、「新編相模国風土記稿」に文覚屋敷跡と書かれている場所がある。そこは頼朝の大倉館（永福寺という頼朝自慢の二階大堂といわれる建物のあった所でもある）の南に位置し、そして勝長寿院（これまた頼朝が源氏の繁栄を願って建立したという大きな寺）のあった所の北側に位置する。ただ残念ながら現在は頼朝にかかわる二つの寺と同様に文覚屋敷の遺構らしいものは何もない。

あるいは北西の丘陵地帯の一角に、かつて国清寺という寺があったが、ここも文覚の屋敷であったという。伊豆にも国清寺があってこの寺にも配流中の頼朝とのかかわる文覚の伝承があるので、もとは互いに関係を持っていた寺だったのかもしれない。

▼補陀洛寺　南向山帰命院ともいう補陀洛寺。頼朝の祈願所として文覚上人が養和元年（一一八一）に建立したという。

伝承によれば、広大な寺域に伽藍の調った寺であったという。現在のお寺にはさほど広くない庭と本堂がある。正面の門の所に石柱があり、「頼朝公御祈願所南向山帰命院補陀洛寺」と文字が彫られている。前の文覚屋敷跡のところでも述べたように、永福寺にしても勝長寿院にしても鎌倉には頼朝草創期の遺構はほとんど残っていない。この補陀洛寺も同様で文覚上人と頼朝が手を携えて建てた草創期当時の面影はない。

▼浄光明寺　先に文覚上人の屋敷跡について述べた。そこで国清寺という寺のことを紹介したが、その寺があったとされる丘陵地帯の北西の位置にこの浄光明寺がある。ここも頼朝の祈願所として文覚上人が建立した庵に始まると伝えられる寺である。

さて、浄光明寺には八坂不動と呼ばれる不動明王像がある。寺の伝えによると京都の八坂の塔に祀ってあった不動明王の胎内に密書をしのばせて、文覚上人が背負ってきたものだという。

二　みちのくと文覚

(一)「みちのく」の「衣川」――「袈裟と盛遠」話とは

「源平盛衰記」中の「衣川殿」

明治の二十年ころまでもてはやされた「袈裟と盛遠」の話の大元は、『平家物語』にはなく『源平盛衰記』が伝えているものであり、この部分は史実というより「説話」という方がふさわしいのだが、ただこれはうっかり読み落としていいような話ではなく、すでに第一章で多少このことは触れているのだがこの件を改めて分析し、掘り下げてみたい。

京人《みやこびと》が「みちのくに嫁いだ」話

「母が衣川殿と呼ばれていたのでその娘が袈裟御前と言われた」という表現を初めて『源平盛衰記』で見たとき私は「京の娘がみちのくに嫁いだ」ということに違和感を覚えたのだった。私の知識では、あり得ない図式に思えたからである。しかし、当時の平安時代の人にとって違和感などなく、これは「近・現代を生きている私の重大な思いこみ」がなせる違和感だったのである。

　文覚、道心起こりを尋ぬれば、女故なり。文覚に内戚の姨母《をば》一人あり、其の昔事の縁に附けて、奥州衣川にありけるが、帰り上りて故郷に住む。一家のものども衣川殿と云ふ。……娘一人あり、名をばあづまとぞ云ひける。されど衣川の子なればとて、異名には袈裟と呼ぶ。

（『源平盛衰記』）

ここには、登場する人物の呼び名として土地の名「衣川」を母の名にし、その娘に「袈裟」という縁語を持っており、それがそれぞれの通称という設定なのである。ところでこの部分には巧妙な「かたり事」があった。それは、

母「衣川」殿→娘「袈裟」御前（あづま）→遠藤盛遠の「出家」（文覚）

という要素をさりげなく述べている。しかもその中に、

古代文化の北の中心地衣川→あづま→文覚→頼朝→征夷大将軍→鎌倉幕府

こういった「みちのく→鎌倉幕府」という図式が『源平盛衰記』では重要な要素なのだ、とさりげなく暗示しているのである。つまり、この本の基本テーマがこの「語りごと」にあるのだということを読者にアピールしているのが「袈裟と盛遠」の部分だったのである。

ここに出てくる「衣川」というのはみちのくの勇者安倍一族らが根拠とした土地の名であり、鞍馬寺にあずけられていた遮那王（義経）を「みちのく」まで連れていった「金売り吉次」なる人物の住居遺跡もここにある。

また主人公「袈裟御前」の実の名を「あづま」としている。これは単に言葉遊びなのではない。鎌倉中期の『源平盛衰記』作者も、これを読んだ当時の人々も、この「語り」の意味を十分知っていたはずであろう。

先に『平家物語』はどちらかといえば「大きな時代変革を語る物語書」であり、これに対し

『源平盛衰記』は「鎌倉時代の成立を語る歴史書」なのだ、と述べた。ただわが国の「近・現代」での研究者がこうした意図について触れないで今日まで来てしまった、私はそう思うのである。

ところがそれでいて、「平泉文化の華開く藤原三代の時代」、そしてその象徴としての「金色堂」のことは、単独の文化のように国民の大多数が思っているというギャップがあるように私は感じている。

私は『平家物語』に対して『源平盛衰記』という書物が一般には手にしにくいことなど、近現代の文化史の中で疎んじられている、という事実があって、今述べた文化に関する「認識のギャップ」は、その扱われ方に関係あるのではないか、などと思うのである。

(二) 平泉文化、鎌倉への移行

世界文化遺産になっている「平泉」に対し、これからその世界文化遺産の認定を受けたいとする観光都市としての「古都鎌倉」。ただ思いがけないほど大事な「頼朝」にかかわる遺跡、遺構は少ない。だが、その鎌倉の二階堂には最も鎌倉の意味を象徴する建物があった。「永福寺跡」という史跡で、ここは頼朝が自らが兵を進め、自分の目でしっかり確認してきた「みちのく文化」、とりわけ平泉の二階堂の有様を鎌倉に再現した重要な寺の跡なのである。

永福寺《ようふくじ》は建久五年（一一九四）に建立され、その後消失したまま現在に至っている。建物は京都の宇治平等院を彷彿させる大きな苑池を擁したもので、平泉ではやはり大きな史跡・毛越寺跡とその地苑などで繁栄当時を彷彿させている。

ところで、鎌倉では永福寺（二階堂）跡は、遅ればせながらようやく発掘調査も終わり、現在建物と大きな池との配置の様子がＣＧ化されて公開され、当時の面影を忍ぶことが出来るようになった。

三　明治初期頃まで歌舞伎でもてはやされた「文覚物」

文覚の生涯を語るに当たって、「袈裟と盛遠」の題名をはじめとして、古来多くの読み物、語り物、上演するもの、とさまざまな分野で、「文覚ばなし」は各時代を通して展開していった。その「文覚ばなし」の実体を時代とジャンル別にしながら示し、それまでの日本人の心の中に「文覚」がどのような形で生きていたのかを概観しておきたい。

以下に示すものの中には題名だけが知られて、実際上の筋の展開の不明なものも多いが、一応示しておきたい。

（一）「文覚物」の流れ

1 「鎌倉、中・後期から室町へ（この時代に「文覚譚」の原形は形成された）

◎語り物　平曲『平家物語』の中の「文覚」
　　幸若舞の中の一演目としての『文覚』
◎読み物　増補系『平家物語』の中の「文覚」
　　『源平盛衰記』の中の「文覚」――『恋塚物語』
◎劇仕立　能『文覚』（又は『六代』）『文覚瀧籠』『文覚流』

2 江戸期

◎読み物　『説教因縁　文覚上人行略抄』（『文覚上人行状記』ともいう）
　　黄表紙紙本『文覚一代記』『文覚勧進帳』
（浄瑠璃として書かれたものが歌舞伎にもとり入れられ、さらに歌舞伎独自演目も作られるようになる。脚色化がすすみ、筋が複雑化する。）
◎劇仕立　『六代』　万治三年（一六六〇）堺町日向太夫座上演。
　　『恋塚物語』　延宝（一六七三～八〇）ごろ成立か。
　　『一心五戒魂』　さきの『恋塚物語』をさらに近松が改作。貞享二年（一六八五）

『傾城三鱗形』　大坂竹本座が初演と考えられる。

　元禄十四年（一七〇一）江戸の山村座で初演。文覚上人の荒行を語るもの。

『日本紙園精舎』　右と同年に中村座で初演された。文覚が口から雷を吹き出し、天竺の祇園精舎の鐘を雷になって撞く、という内容。

『摂州渡辺橋供養』　寛延元年（一七四八）十一月大坂豊竹座で初演。

『伊勢平氏栄花暦』　天明二年（一七八二）初演。

『厳島雪顔鏡』　寛政八年（一七九七）初演。

『貞操花鳥羽恋塚』　文化六年（一八〇九）市村座初演。

3　明治期

◎劇仕立

『橋供養梵字文覚』　これは先の『摂州渡辺橋供養』をもとに活歴物に脚色しなおしたもの。明治十六年（一八八三）東京市村座で初演された。

『那智瀧誓文覚』　明治二十二年（一八八九）東京中村座で初演。依田学海らの作で活歴任立て。特に文覚の那智の瀧の荒行の場で、九代目市川団十郎が勧進帳を読む件が評判となり「文覚勧進帳」として新歌舞伎十八番に加えられた。

右に見るように「文覚」はとりわけ歌舞伎の世界で江戸時代には万治年間（一六五八―一六六一）ころから錦絵・浮世絵などに様々描かれて、さらに江戸時代末から明治中ごろまで九代目市川団十郎（天保九年―明治三十六年〔一八三八―一九〇三〕）の演じた「文覚物」での錦絵・浮世絵は多彩である。

ところがこの文覚物の錦絵・浮世絵も明治二十年ころを過ぎるとあまり見られなくなる。大正七年（一九一八）の芥川龍之介の書いた小説『袈裟と盛遠』のころがほぼ最終となり、以降戦前はおろか現在もほとんど影の薄い状態となっている。

（二）恋塚物語のこと

京都の城南の地に二つの恋塚寺と呼ばれている寺がある。

この城南の地は京都の東側を流れる加茂川と西側を流れる桂川とが合流する近くである。このあたりにはかつて巨椋池《おぐらいけ》と呼ばれた広大な湖沼が広がっていた。ここには宇治川も注ぎ、南の方からは、笠置方面に発した木津川も注いでいたのであるが明治になって干拓され、今は宅地や田園風景に変わっている。

謡曲に「恋塚」「恋塚寺」があり、明暦年間及び延享年間（一七四〇頃）に刊行された仮名草子にも「恋塚物語」がある。また近松門左衛門の浄瑠璃に「鳥羽恋塚物語」又は「恋塚物語」があり、さらに元文四年初演の恋塚寺の〝恋塚〟の出来たいきさつを語った長歌「鳥羽の恋塚」がある。これらは『源平盛衰記』の「文覚発心」という段の語る話が元になっている。

▼二つの恋塚寺　こうした「袈裟と盛遠」の説話から生れたのが「恋塚寺」で、しかも二つある。

その一つは京都市南区上鳥羽岩ノ本町にある「恋塚浄禅寺」で、この寺には袈裟御前の墓と伝えられる石塔と林羅山撰の「恋塚碑」があり、碑の末尾に「寛永十七甲辰年日向守大江姓永井氏直清」の銘が刻まれていおり、また「享保九年甲辰四月下旬」の日付けの入った恋塚の由来記と袈裟御前の像と伝えられる女人の座像がある。

像は黒塗りの奇麗な厨子の中に収められており、合掌した姿はあざやかな彩色が今でも残り、ほのかな色香さえ漂わせている。

もう一つの寺は京都市伏見区下鳥羽城ノ越町にある「利剣山恋塚寺」という寺である。浄禅寺から二キロほど南に離れている。

この寺には袈裟御前の首塚と伝えられる立派な宝篋印塔があり、その脇に文覚の刻んだものと伝えられる石の卒塔婆と縁起の書かれた石碑があって、ここには「嘉応二年」の文字が記されている。さらにこの寺にはこの碑の記述とほぼ同じ頃の嘉応元年（一一六九）に文覚上人が自ら刻んだと伝えられている文覚、渡、袈裟三体の木像があり、さらに袈裟御前の使っていたものという長刀、手鏡など数点の遺品、そして袈裟御前の姿を描いた軸表装の絵等が残っている。

(三)「袈裟と盛遠話」と近代

私はこの「終章」の最末尾に「袈裟と盛遠」の話が明治の二十年代、西洋式の彫刻家としての走りだった荻原守衛(彫刻家名・荻原碌山)と、この彫刻家を様々な面で支えた新宿「中村屋」の創業者である相馬良(相馬黒光)という女性の交流の逸話と、それとほぼ同じ頃の明治二十五年九月十一日の「国民新聞」に「革命的偉人としての文覚上人を論ず」という論文が載った話を述べておきたい。この話の前後から「文覚」は徐々に語ることが疎まれる人物となり、それが近代というわが国の「思想統一」が深刻さを増すことと重なっていった。

この二つの話を対比しながら、「文覚上人」という人物の「近・現代」での「消長」の様子を述べることによって、このたびの本の締めくくり、としたいのである。

なお、私はかつて明治期に制作されたブロンズ彫刻「文覚」のできるいきさつについては『文覚上人の軌跡——碌山美術館の「文覚」像をめぐって』(彩流社刊、一九九一年)のタイトルで上梓している。以下にその本での部分によって明治二十年頃の「文覚」を再現したい。

四　近・現代における「文覚上人の消長」

（一）安曇野碌山美術館の「文覚」像を巡る人々
――近代彫刻家のはしり荻原守衛（碌山）と星良（相馬黒光）

1　碌山美術館と彫刻家荻原碌山

長野県南安曇郡穂高町には「東洋のロダン」とも称された彫刻家荻原碌山《おぎわらろくさん》の作品を展示する碌山美術館がある。

碌山は本名を荻原守衛《もりえ》と言い、この町に生れ絵を描くのが好きな少年であったがアメリカを経てフランスに渡って彫刻家を志すようになって、ロダンから直接彫刻を学んで帰国し、日本における西洋風の彫刻家としてのはしりとなった。フランスにおいては高村光太郎もロダンから直接彫刻を学んでおり、二人は現地での交流もあったことが知られている。

安曇野の生んだこの荻原碌山を記念して建てられた碌山美術館は、あまり大きな建物ではないが、北アルプスの常念岳、大天井岳が連なる麓に位置して、雄大な自然の中に包まれ、ヨーロッパの尖塔のある教会風の蔦の絡まった瀟洒な建物である。この中には碌山の主だった作品十数点と彼のデッサンや油絵、蔵書など彼にかかわる遺品が展示されており、またその分館に

碌山美術館

は碌山と関係の深い近代彫刻家の作品も展示されている。

本館の作品の中で目を引くのが何といっても「文覚」の像であり、「女」である。「文覚」の像の方は彼が日本に帰ってきて制作した本格的な作品としては第一作目で、もう一つの「女」の方は碌山の若い頃から三十二歳で亡くなるまで、精神的にも経済的にも彼を支えた相馬黒光がイメージされていると言われ、彼の最後の作品である。この二点は共に碌山という彫刻家を考える上で重要な作品なのである。

2　相馬黒光の生い立ち

相馬黒光は星良《ほしりょう》が本名である。相馬愛蔵と結婚して相馬良となり明治女学校の校長であった巌本善治から黒光《こっこう》の号を貰って以来この名をよく使ったため、一般には相馬黒光の名で知られている。

良は明治八年（一八七五）宮城県仙台の星家に生まれ、良が十二歳で東二番丁の高等小学校に進んだころ、キリスト教にちかづいた。良は日曜学校に通うようになりそこに英語が話せる少女斎藤冬がいて驚いた。冬の実家は英語塾を営んでおり、そこでは後年、島崎藤村と共に日本近代詩の黎明期に名を残した土井晩翠が通っていた。良はこの斎藤冬に憬れを抱き、このあと冬の通う宮城女学校（現在の宮城学院。神学舎といった東北学院と共に明治十九年に創立）へ進んでゆくことになる。この日曜学校では仙台教会の牧師、押川方義から洗礼も受けた。

同じ日曜学校の生徒だったある男子はこのころの良を「きかない子」と言ったり「アンビシャス・ガール」「火の玉」と呼んだりした。良は何かに燃えている少女だった。そして十六歳のとき、良はさらに上級の宮城女学校に入学した。

入学した翌年、先輩らが学校に不満を持ってストライキをして退学させられる事件が起こった。その中に良の敬愛する斎藤冬の名前があった。冬は宮城女学校をやめて東京の明治女学校へ転校して行った。

良はその事件に精神的な同調をしており、五人の先輩に殉じて宮城女学校を退学してしまった。そして牧師押川方義の口利きで、アメリカの女性宣教師によって創設された横浜のフェリス女学校に転入学した。学校は開港の新しい町横浜にふさわしく「アンビシャス・ガール」の心を刺激するに足る赤い煉瓦の塀と大きな風車を持つモダーンな建物であった。

良が横浜にいた頃、鎌倉に別荘を持っており文芸誌を主宰する星野天知のもとへ通って、文学の指導を受けこれがきっかけとなって、良は二年後さらに東京の明治女学校に転校することになった。

星野天知は明治女学校の教師であり、学校の経営にも深くかかわっていた人物で、さらに良（黒光）の憬れていた『女学生』という文芸雑誌の主宰者でもあった。加えて、その明治女学校には、宮城女学校時代の例のストライキ事件の中心人物であった先輩の斉藤冬が先に転向しており、良はこの冬という先輩に憬れを持ち、以前から東京の明治女学校へ、という希望を持っており、星野天知を知ったことによってその夢が実現したのである。

星野天知は初めて会った時の良を、「黒目がちで思ひつめた眸、文学と宗教が好みで、少し油でもかけたら何でも遣り兼ねない、熱烈な危険性が見えた」と表現している。

明治三十年、女学校卒業と同時に良は二十二歳で相馬愛蔵と東京牛込の日本キリスト教会で結婚式を挙げた。良が明治女学校の校長の巖本善治から「黒光」という号を貰ったのはこの相馬愛蔵と結婚した頃であった。良は黒光の名で明治女学校の校友会雑誌で岩本善治が主宰する『女学雑誌』（後の『文学界』）にいくつかの文章を発表したりもした。

星良（後の相馬黒光）

良は愛蔵に連れられて、彼の故郷である信州の穂高村で生活することになった。このころ穂高村では愛蔵らによって新しい文化運動として、禁酒会の活動が行なわれており、良は新しい教育を受けた「新しい女」として、村の人々に好奇の目で迎えられた。持参する物とてなかった良であったから、讃美歌を歌うためのオルガンと長尾杢太郎の「亀戸風景」という油絵一点を持って行っただけであった。しかし、これが土地の人にとってはたいへん珍しいものだった。特に油絵は絵画に関心を持っていた少年、荻原守衛、後の彫刻家碌山の心に大きな影響を与えたのであった。

3　荻原守衛の生い立ち

守衛は明治十二年（一八七九）長野県の南安曇郡東穂高村に生れた。明治二十七年、隣接する集落に生れ育った土地の大先輩の相馬愛蔵の主宰する東穂高禁酒会に入会した。意志に満ちた愛蔵が少年守衛の心に大きな影響を与えていたのである。

守衛は幼い頃から心臓を病んでいた。この過激な運動が原因となって病が昂じ一時寝込むこととなり活動が制限されたため自ずから内省的となり、絵を描くことを好んだのだった。

明治三十年、愛蔵が東京で結婚式を挙げて新妻、良は穂高で色々な面で輝いていた。守衛はこの新しい教育を受けていた良に憬れを抱いた。先輩である愛蔵とはまた違った感じの文化の香りをこの先輩の新妻に感じ取ったのであった。

守衛は新たな勉強のために東京へ出ることを夢見るようになっていた。あるとき周囲の人に黙って家を出てしまい後から追ってきた家人に連れ戻されるといったこともあった。この失敗にもめげず、守衛は上京する夢を持ちつづけた。守衛のこの意志を知った愛蔵と良は彼の上京を援助し、明治女学校の巌本善治に紹介した。そして善治の理解も得られて明治女学校の敷地内にあった深山軒と名付けられた三畳あまりの小屋のような家に住むことが許され、念願の東京での生活が実現したのであった。そしてそこから不同舎という画学塾にも通うことができた。

その後、守衛はアメリカへ渡って、もっと絵の勉強をしたいと思うようになり明治三十四年には渡米することが実現した。守衛二十三歳のことであった。

渡米に先だって一時故郷の穂高に帰り洗礼を受けて、いよいよ三月に横浜からサンフランシスコに向かった。アメリカでは経済的に苦労し、孤独と郷愁に苦しんだが、目的を達するまでは帰らないという意志は強かった。

飽くなき向上心を持っていた守衛は、絵の勉強はフランスでした方がさらによいと知って渡仏することを考えた。アメリカで体験した生活実感が、行けば何とかなるという精神的な強さをも守衛の内面に育てていた。明治三十六年にフランス行きの夢を実現させた。二十五歳のことである。

フランスでは、やはり絵の勉強に来ていた中村不折に出合った。彼は同じ信州の高遠の出身で、同郷の誼《よしみ》も加わって勝手のわからないフランスにあって守衛の相談相手になってくれた。在仏当時、二人で絵画を見るためにイギリスへ旅行したこともあった。しかしこうした中で、ロダンの「考える人」の作品に触れてその作品に驚き、守衛は絵画より彫刻に魅かれて行った。ロダンに心酔する高村光太郎に出合ったのもこのフランスであった。

当時文壇に登場して間もなかった夏目漱石の作品が、日本から来ていた仲間内でよく読まれていた。守衛は漱石の「二百十日」を読み、ここに登場する〝碌さん〟に心ひかれた。このことを知った仲間からよく〝碌さん〟と呼ばれた。これにちなんで守衛は自分の号を「碌山」とした。これはロダンという音にも似ていたことも気に入った理由だと言われている。

4　作品「文覚」と「女」の背景――「浪漫主義の思潮」と「恋塚物語」

守衛は明治四十一年に帰国した。しかしその後、作品の制作は思うように出来ず焦る思いがつのる一方、東京で再会した相馬黒光に心を奪われて、その苦悩から逃れられないことが彼の制作の行き詰まっている大きな原因ともなっていた。二人は直ぐ近くに住んでいた。碌山の新宿のアトリエは黒光が提供したもので、このころ黒光は愛蔵の浮気などもあって彼から冷たくされており元気がなかった。碌山は心の成長を助けてくれ、生活の面でも多大な恩恵を受けていた黒光が顔を曇らせていることが辛かった。恩返しをしたい心は黒光への愛情の表れでもあった。

作品「文覚」は碌山の帰国後の第一作であり、「女」は最後の作品である。この二つの作品の間隔はわずか一年半にしか過ぎない。フランスにいた当時の習作を除けばこの間に彫刻家としての碌山の全作品が造られたことになる。

私はここでこの二つの作品が出来上がるきっかけをさらに深く追求してみたい。

先に黒光と碌山の結び付く精神的な背景を見てきたのであるが、ではなぜここに第一作の彫刻「文覚」ができたのかという問題を考えてみよう。

二人が連れ立つて鎌倉へ文覚像を見に行った。それは、当時の時代背景の中に、文覚上人がブームのようになって取り上げられていたからに他ならない。

明治十年代の文覚ブーム

当時、自由民権運動など政治的な運動の昂まりがあったことと無関係ではない。平行して新しい文芸活動も起こっていた。この文芸活動は、これまでの封建制の中で圧迫されていた自我が、新しい思潮の流入と共に一気に目覚めようとする風潮の伝達者達の活動であった。

それは文学史の上で浪漫主義と呼ばれ、その実作者は浪漫派と呼ばれ、時代の旗手たちは自分たちの生きざまの中で「自我に目覚める」とは何かという意味を模索していたのである。

文芸誌『文学界』はまさにそうした時代風潮の中での時代の前衛としての自覚と実戦を示す雑誌として登場していた。

封建制度は個人の好みを出来る限り抑えさせ、自己を殺せるものを賞賛した。とりわけ個人の自由な恋愛などはもっての他であり、社会的責任のある分野は男だけのものであって、女は常にその下にあって男を陰から支える所にのみ意味があるとされ、どんな場合も女が意志を持つことは醜いこととされていた。女は、現代風な言い方における「人間」である必要はなかったのである。

ここに展開した新しい思潮である浪漫主義の目指したものは、先ず自我というものの大切さを語り、恋愛感情は人間の自然な心の趣きであると捉え、自由な恋愛を賛美し、当然そうした主張の中で女性も人間であるとの立場から自己主張の正当性を叫んだのであった。

しかし、そんな思潮に敏感に反応出来たのは文芸などにたずさわるごく限られた芸術家たちの活動の中でのことに過ぎず、一般の人は時代の旗手たちの姿を遠まきに見つめるのみであった。そうした時代のまっただ中で、黒光も碌山も言わば時流の旗手の一人として加わっていたのであった。

5　黒光の夢

星良（相馬黒光）には「アンビシャス・ガール」・「火の玉」と呼ばれ文学に夢を描いた時期があったことは先に述べた。彼女の青春時代には周辺に明治時代の文学を支えていた多くの文学者がいた。雑誌『文学界』の中心人物の星野天知、そして北村透谷、島崎藤村、樋口一葉。さらには国木田独歩。そして黒光の従妹にあたる佐々木信子と、この独歩との関係。このように明治文学の華やかな面々がその周辺にいた。当然黒光もその中の一員として名を連ねていた。明治女学校の校長巌本善治から「黒光」という号を贈られたこともそのことと関係があった。現に明治女学校の校友会雑誌『女学雑誌』にも黒光自身何度か作品を書いている。

明治女学校の頃、良は青柳という先生から試験の問題として、英文で「袈裟御前」を論ずるようにと題を出された。回りの生徒たちは英文など困惑するばかりであったが、横浜のフェリス時代に親しんだ星野天知の「袈裟女を弔う」という文章などで袈裟御前については知っていたので、良だけがこのテーマにしっかりした意見を書くことができた。

袈裟は盛遠の狂的な情熱に、心底いささか動揺したのではあるまいか。母を救わんとした気持ちはよくわかるし、夫渡への申し訳もあり、かたがた生きた人間の複雑な心理を無視して、杓子定規な道徳一点張りで彼女を律することは当たらない。袈裟としても、単なる貞女としてほめられたのでは浮かばれないであろう。

これがそのとき書いたものの日本語訳である。

良は袈裟を一人の女と見た。儒教道徳の宣伝のための当時流行していた夫のために自己犠牲となったということで「貞女の鑑」などと語られていたが、そういうパターンで袈裟御前を見なかったところは後に芥川龍之介が「袈裟と盛遠」で述べた意見と相通ずるものがあり、良は師の星野天知などの抒情性のみに走っての「浪漫主義」とは違う世界にあった。ここにも十分良が新しい感覚の持ち主であったことが表れていると言えよう。

盛遠は恋する余り、その夫を手にかけようとして誤って女の方を殺してしまうことになって、罪を感じて出家して文覚という僧侶になり、後に頼朝を助けて鎌倉幕府成立に陰で働くことになった。

良がこのとき袈裟御前を論じていたことが奇しくも後に碌山に「文覚」像を造らせるもととなってつながっていくのである。

当時、良の作文は評判となって、これほどまでのことを述べることができるからには、「彼女は失恋の苦盃を舐めたことがあるに違いあるまい」などと口さがない周囲の人たちから取り沙汰されたりしたという。これを含めて当時、彼女が小説も書いたりしていたために新聞につまらぬ中傷記事まで書かれたのであった。彼女はこんな形で周囲の関心をひく華やかさも持っていたわけである。

【怪しき木像】

星野天知は明治二十五年（一八二五）八月に雑誌『女学生』夏期号外に「怪しき木像」という文章を発表した。

これは天知が教え子の夏期合宿として鎌倉の成就院という寺に泊まったおり、そこで木像の「文覚」と出合った様子を書いたものである。

この文章については、後に黒光を介して碌山も知り、帰国後悶々としていた碌山に「文覚」像を造らせる状況を生むことにつながって行った。

文覚という荒法師が頼朝の陰に回って犠牲的な形で歴史的な仕事をなしたのは、袈裟御前が我が身を犠牲にして彼を諭したからで、そのことに後から気づいた文覚は生涯彼女の画像と本尊を首に懸けて持ち歩いたのだ、と天知は言う。

この当時天知は明治女学校の教え子の松井まんに恋をしていた。この教え子の松井まんも成就院でのこの合宿に参加しており、天知にとって心の乱れの多い合宿なのであった。まんは盛岡の士族の家に生れ、躾も厳しい家に育っていた。また成績も優秀であり、誇り高い性格でもあったので天知の心は空回りするような状態であった。そんな心理状態のとき天知は鎌倉のこの寺で話題の文覚の木像に接し、文覚像がやさしい女人のことについて天知に話しかけてきた、というのである。

また同じ年の九月の『女学雑誌』に星野天知は「文覚上人の本領」を書いた（この文章は一部を改めて明治三十年十月に天知の作品集『破蓮集』にも「文覚上人の恋想」という題に変えて収録している）。また明治二十六年七月に『文学界』に「袈裟女を弔ふ」という文章も発表した。一連の文覚ものである。

一方、北村透谷も天知の「怪しき木像」を読んで、「心機妙変を論ず」と題して文覚について述べている。天知が「文覚上人の本領」を書いた同じ誌上であった。これらは文覚と袈裟御前とのいきさつに注目して、それを浪漫主義を意図しながらも抒情性の中で捉えようとしていた。特にこれらはちょうどそのころ国民新聞紙上に文覚を政治的な人物であるとする論調の投稿論文があり、それに対抗する意味で書かれたものであった。これは恋愛を賛美することが浪漫主義と思い込んで、いたずらに抒情性ばかりが強調される一方の時代性に富んだ文章であった。

このころは黒光は、まだ宮城女学校から横浜のフェリス女学校に転校したばかりのころのことで、数年間の彼女の最も多感な頃にそれらの論争に接していたのであった。そして彼女は天知、透谷、藤村などの教師と生徒との恋愛や挫折、佐々木信子と国木田独歩との事件なども目の前に見た。

そして、ことはこれら諸々の思い出からもう十年の歳月が流れようとしていた。帰国後作品ができず悶々としていた碌山に接して、黒光はこの青年を何とか励ましてやりたいと考えた。

黒光から話を聞いて碌山は星野天知が見て感動したというこの木像を自分の目で確かめたかった。碌山は黒光を誘って成就院へ出掛けたのである。

6「文覚」像を見るため鎌倉へ

悶々とした日々が続くある日、苦悩を起こすことの相手であった黒光の示唆によって碌山は文覚上人に出合うきっかけを得たのである。鎌倉のお寺にある文覚像の話を黒光から聞いた。碌山はその話に関心を寄せ、ある日、めずらしく碌山の方から黒光を誘っている。そして二人は鎌倉にでかけて成就院という寺にあった文覚像を見たのであった。黒光のかすかな期待は大きな形で現実のものとなった。突然、木像のその「文覚」が彼の創作意欲を掻きたて、この木像に接して以来、碌山の心に火をつけた。

文覚上人の意志ある感じを、碌山は力強い筋肉たくましい肉体として表現した。ブロンズの作品「文覚」である。この制作によって、自らの心の迷いを払拭する思いがした。これが帰国してからの本格的な作品としては碌山の第一作であった。作品は第二回文展で入選した。この作品に対して相馬黒光は次のように述べている。

かくて帰朝後第一作『文覚』は異常な情熱を籠めて成就されたのであった。そしてこの碌山作『文覚』の前に立つ時、私どもはついに鑑賞家としての冷静を失わされる。『文覚』は半身であり、それはまた等身大以上であるが、我々に迫るところは外形的なこの大きさに拠るものではなく、我らはむしろ像の前に眼を冥じて沈痛に人間としての自己の内部を凝視させせられるのである。さように恐ろしい人間性が穏和な作者のどこに隠れていたのであろうか。私どもは『文覚』の前に立つ時、単にそれを作品あるいは傑作としてのみ観ることをゆるされない。自己の内部を凝視させられると同時に、作者の生命の苦悩に、しかも厳然たる威圧を加えられるのである。

（『穂高高原』所収「荻原守衛のこと」）

荻原碌山作「文覚」像（碌山美術館蔵）

黒光に「恐ろしい」と言わせたこの帰国第一作目の「文覚」像には帰国以来悶々としていた碌山の内にあったものが一気に吹き出て

乗り移った何かがあった。また黒光と碌山の二人だけが感じ取れる思いも籠っていたのである。それだけに黒光は単なる鑑賞者としてはこの像の前に立てなかったのであった。

7　作品「女」から死へ

明治四十二年になった。前年の「文覚」の余勢を駆って作品がつづいて制作され、彫刻家碌山の才能は遺憾なく発揮されはじめた。この年、彼はさらイメージを黒光から得たものと思われる作品「女」にとりかかっていた。碌山は黒光との出合い以来ずっと黒光に憬れを抱いていた。碌山はある意味で黒光に翻弄されていたのであった。黒光には若い男を誘うように見つめ、そして実際は突き放す、といった魔性があった。しかし、キリスト教徒であった二人の不倫は許されなかった。

荻原碌山作「女」像（碌山美術館蔵）

明治四十三年「女」は完成した。第一作目の「文覚」像以来創作意欲を掻きたてられて、つぎつぎに作品を生んでいった碌山も「女」を完成させるとたちまちその力もなえていったのではなかろうか。

碌山の死が余りにも突然であり、かつタイ

ミングを計ったような状況であったため、死因を巡って様々な臆説がなされている。その一つに年齢僅か三十二歳の若さであったことから自殺説がある。

黒光も実は、血を吐いて死んだ碌山を見てその瞬間〝彼は「自殺」したのだ〟という思いが頭を駆け抜けていたのではなかったろうか。


そうだ一刻も早くアトリエの始末をしなければならない。誰も入らないうちに、死の直前孤雁のいるところで碌山に託された机の鍵のことが電光のように私の頭をかすめたのであります。それは、その鍵で開かれる引き出しに、何かこう怖しいものが秘められているという心地でした。

そう思いつきますと一刻も猶予してはいられないので、すぐ孤雁とつれ立って、今は主なきアトリエに行き、中に入って見ますと、故人の作品は今は累々たる屍のように見えるのでした。その中に絶作となった「女」が彫刻台の上に生々しい土のままで、女性の悩みを象徴しておりました。私はこの最後の作品の前に棒立ちになって悩める「女」を凝視しました。高い所に面を向けて繋縛から脱しようと、もがくようなその表情、しかもその肢体は地上より離れ得ず、両の手を後方にまわしたなやましげな姿体は、単なる土の作品ではなく、私自身だと直感されるものがありました。胸はしめつけられて呼吸は止まり、私は、もうその床の上にしばらくも自分を支えて立っていることが出来ず、孤雁はまたそこに顔を掩うて直視するに忍びないのでした。

やがて私は孤雁の立合いで、ふるえる手をもって机の抽出しを開けました。中には鉛筆で余白がないままで書き記した日記のような帳面が入っていました。故人の遺言により、一行も読まず、そのままストーブで焼こうと致しましたが、ああいう手帳のような紙は、なかなか焼けないものです。もしも燃え残りの紙片のために故人の秘密が人に知られるようなことになってはと、一枚一枚丹念にちぎっては焼き、ちぎっては焼き、眼には一字も見ず火中に投じ尽し、いかに探るともいっさい甲斐なき灰としてしまいました。

（『黙移』所収「彫刻家荻原碌山」）

黒光は碌山の恋情が自分に向かっていた事実を確認してしまうのが怖かったのではなかろうか。ただ彼の心の内については日頃の碌山の無言の眼の中にはっきり読んでいた。日記帳の中を見ず、丹念に火にくべた。碌山の秘密を守るのはとりもなおさず黒光自身の秘密を守ることでもあったに違いない。

しかし、絶作の「女」は言葉や文字以上に何かを訴えていた。「女」の姿は黒光の悩みを遺憾なく現わしていたと共に、それ以上に碌山の恨みをも表現していた。その「女」は魅惑的に迫りつつも、腕は頑《かたくな》に後ろへ回して何かを拒んでいる。この作品を見る者は求められつつ、突き放されているジレンマを感じてしまう。これは制作者碌山の気持ちの表れである。

「胸はしめつけられて呼吸は止まり」と述べた黒光は作品「女」をアトリエの中に見た瞬間、碌山のそうした万感をその中に読み取ったに違いない。

（二）近代が消した僧侶「文覚」の存在

「国民新聞」紙上の文覚論

明治二十五年九月十一日、国民新聞の紙上に、境野怡雲《いうん》の「革命的偉人としての文覚上人を論ず」という論文が載った。文章の主旨は頼朝を表面に立て、新しい政治の樹立につとめた文覚は「不世出の偉人」であった、とするものである。

当時の日本は先進の西洋諸国に一日も早く追い着く必要があった。そのためには、国民一丸となり脇目もふらず邁進する挙国一致体制を求めていた。

その精神的な拠り所としては王政を復古させて、そこに国民の思想を一つにまとめようとの政策であった。そして、それは頭に明治天皇を戴くことによって、その実現が推進されていた。

フランスにおいて封建制が崩れ、当時ロシアにおいては帝政を否定して民衆のための政治を理想とするとする思想が勢いを持ちはじめていた。

一八六二年にロシアでは農奴解放令が出された。社会主義の第一インターナショナルは一八六四年に結成された。

こうした世界的な新しい時代の波のなかで、日本は近代化のため表面的には封建制度を廃しながら、王政復古というういわば時代の逆流のような政策を取らなければならなかった。

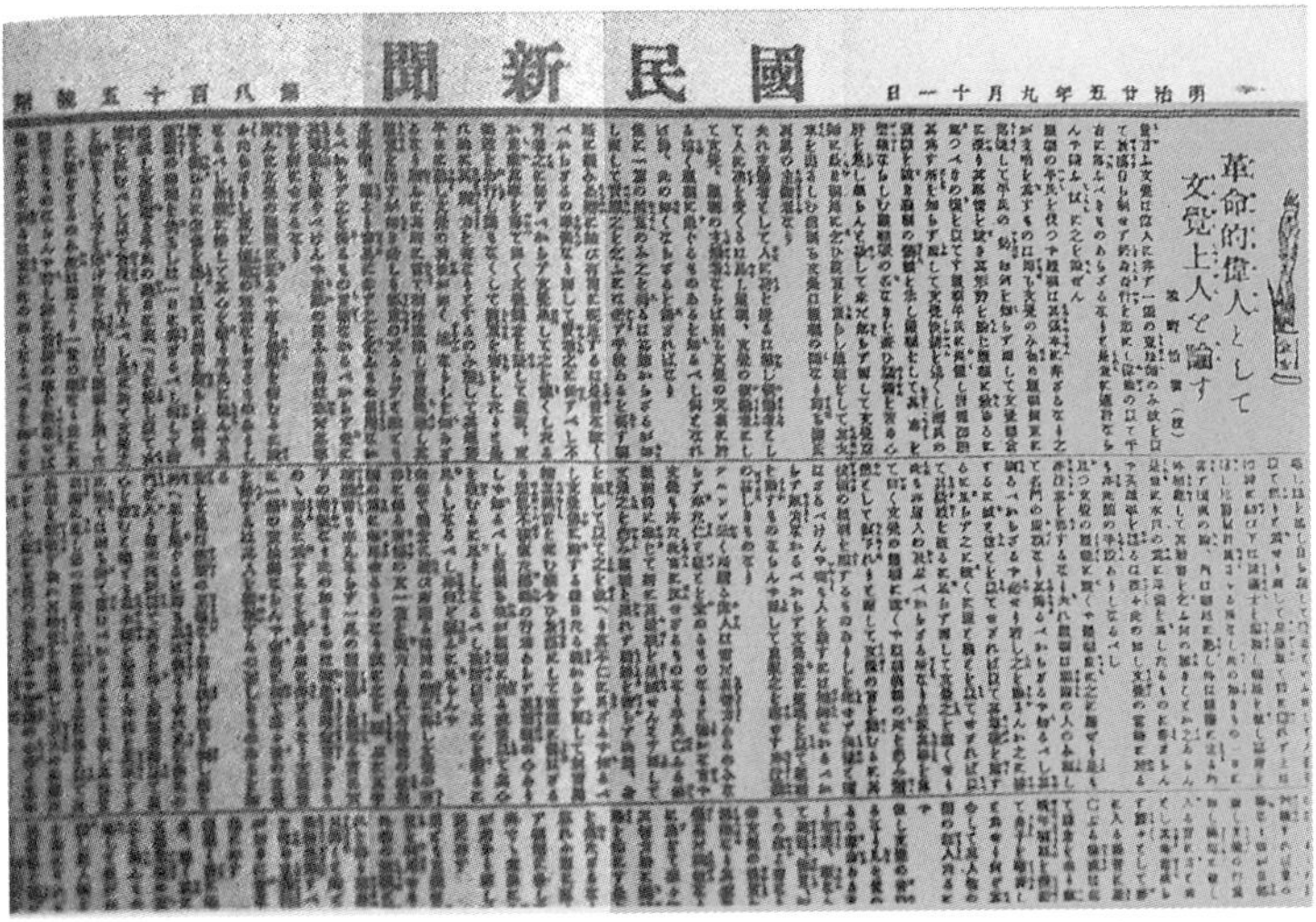
國民新聞
明治廿五年九月十一日
革命的偉人として文覚上人を論す
境野怡雲

境野怡雲の論文が載った「国民新聞」（明治25年9月月11日）

これを肯定的に見れば、そうでもして足を早めなければ、日本の文化面での立ち後れは取り戻すことのできないほどに、当時の日本は西欧の先進文化から引き離されていたのであった。

新しい政府は世界に目を開かせる啓蒙運動を奨励すると共に、一方では、当時世界中に広がりつつあった社会主義思想の日本への流入に対しては神経質なほど気を使い、日本各地の自由民権運動に対して厳しい弾圧を加えたのであった。北村透谷はこの運動に身を投じ、弾圧のなかで挫折して行ったのである。

「国民新聞」の境野怡雲の「革命的偉人としての文覚上人を論ず」という論文はそうした時代背景を受けて書かれたものであった。

あとがきに代えて

日本古代史の重大な虚偽――基本三点

現在の日本古代史は様々な要素をからめながら「虚偽」に満ちている。その虚偽を作り上げている根本問題に私は「基本の三点」を考えている。この「あとがき」を通してその「基本の三点」について述べておきたい。

その１『日本書紀』の「恣意的な読み」の積み重ねのこと

①『日本書紀』の構造

私は既に彩流社から『解析『日本書紀』』という本を出している。その本では自己で口語訳をし、かつ『日本書紀』そのものの構成状況をあるがままに分解して表示してみた。

全三十巻『日本書紀』を「神話編」「各天皇紀」の部分に分け、天皇紀の部分の構成をさらに分解して六層からなっているのを確認した。そして、それに古い時代順に「A層・B層・C層・D層・E層・F層」と名を付けた。

『日本書紀』は神話時代から系統を受けた天皇が歴代の皇統を継いでいると現在でもなお一般には説明されているが、その実、『日本書紀』そのものの記述内容を克明に読むとかなり矛盾とともに複雑な事情が見えてくるのである。

②『日本書紀』分析の概要

以下は次ページに掲げた「『日本書紀』構造表」を参照しつつ読んで頂きたい。

「神話編」一・二巻

「A層＝（伝承的説話的天皇紀）」

「B層＝（欠史八代）」

＊なお「欠史八代」はA層の間に挿入されている。

「C層＝（葛城系王統紀）」

「D・E・F層＝（継体王系統が新規に参入。従来の蘇我系王統と熾烈な主導権争いを繰り返す）」

最後の「E層・F層」についての詳細は「E層＝（継体系の末が蘇我系を滅ぼす）・F層＝（継体系の最終段階と見られる天武・持統二天皇の即位状況が語られ、この二朝時代が実質上「飛鳥地方」に展開していた群雄割拠の終息の時であり、ここには藤原不比等が背後で主導する要素が垣間見られる。

＊なおここでは『日本書紀』構造を詳細に語るところではない。この詳細については拙著『解析『日本書

『日本書紀』構造表（成立過程）

文体特徴	暦からみた特徴	層分け	巻数	天皇代数 漢風諡号	和風諡号 『日本書紀』での天皇名		年齢記事		成立過程
		神話	一	神代上（天地開闢・国生み・素戔嗚尊の誓約・天の岩戸・八岐大蛇）					
			二	神代下（葦原中国の平定・天孫降臨・海神の国訪問）					
β	儀鳳暦	A層	三	01 神武天皇	神**日本**磐余彦		**時年一百二十七歳**	一部例外を除き年齢百歳を超える	編纂最終段階ころの追加編纂 天武天皇の発想〈第一期〉を受け 主に持統女帝時代〈第二期〉の編纂
		B層・欠史八代	四	02 綏靖天皇	神渟名川耳	日本文字がつく天皇 ※22代の清寧天皇を含む	時年八十四		
				03 安寧天皇	磯城津彦玉手看		時年五十七		
				04 懿徳天皇	大**日本**彦耜友		直接年齢を示す表現はないが、在位年数から、いずれも百歳を超えている可能性のある天皇		
				05 孝昭天皇	観松彦香殖稲				
				06 孝安天皇	**日本**足彦国押人				
				07 孝霊天皇	大**日本**根子彦太瓊				
				08 孝元天皇	大**日本**根子彦国牽				
				09 開化天皇	稚**日本**根子彦大日日				
			五	10 崇神天皇	御間城入彦瓊殖		**時年百二十歳**		
			六	11 垂仁天皇	活目入彦五十狭茅		**時年百四十歳**		
			七	12 景行天皇	大足彦忍代別		**時年一百六歳**		
				13 成務天皇	稚足彦		**時年一百七歳**		
			八	14 仲哀天皇	足仲彦		時年五十二　※		
			九	神功皇后	気長足姫		**時年百歳**		
			十	15 応神天皇	誉田		**時年一百一十歳**		
		C層	十一	16 仁徳天皇	**大鷦鷯**	［倭の五王］の時代とされている時代	年齢記事なし	葛城氏中心	第一期編纂内容参考にながら編纂第二期での作成
			十二	17 履中天皇	**去来穂別**		時年七十		
				18 反正天皇	**瑞歯別**		年齢記事なし		
			十三	19 允恭天皇	**雄朝津間稚子宿禰**		時年若干		
α	元嘉暦			20 安康天皇	**穴穂**		年齢記事なし		
			十四	21 雄略天皇	**大泊瀬幼武**		年齢記事なし		
			十五	22清寧天皇	白髪武広国押稚 **日本** 根子		時年若干		
				23 顕宗天皇	弘計		年齢記事なし		
				24 仁賢天皇	億計		年齢記事なし		
			十六	25 武烈天皇	小泊瀬稚鷦鷯		年齢記事なし		
		D層	十七	26 継体天皇	男大迹		時年八十二	継体系蘇我系軋轢	編纂・第一期
			十八	27 安閑天皇	広国押武金日		時年七十		
				28 宣化天皇	武小広国押盾		時年七十三		
			十九	29 欽明天皇	**天** 国排開広庭		年齢記事なし		
			二十	30 敏達天皇	渟中倉太珠敷		年齢記事なし		
			二十一	31 用明天皇	橘豊日		年齢記事なし		
				32 崇峻天皇	泊瀬部		年齢記事なし		
β			二十二	33 推古天皇	豊御食炊屋姫		時年七十五		
α		E層	二十三	34 舒明天皇	息長足日広額		年齢記事なし	藤原氏台頭 継体系復活政権	
			二十四	35 皇極天皇	**天** 豊財重日足姫	漢諡号に「天」文字のつく天皇（※※上段29代の欽明天皇が加わる）	—		
			二十五	36 孝徳天皇	**天** 萬豊日		年齢記事なし		
			二十六	37 斉明天皇	**天** 豊財重日足姫		（時年七十五		
			二十七	38 天智天皇	**天** 命開別		年齢記事なし		
			—	（39弘文天皇）	明治時代に追加		—		
β	儀鳳暦　麟徳暦	F層	二十八	即位前紀	壬申の乱				
			二十九	40 天武天皇	**天** 渟中原瀛真人		年齢記事なし		
			三十	41 持統天皇	**高天原** 広野姫		不比等も参画し 編纂最終段階		
奈良時代になって主に藤原不比等主導での編纂が継続されて完成									

紀』』（二〇一七年七月・彩流社刊）を参照戴きたい。

いよいよ私たちは『日本書紀』をありのままに「見て・読んで」そこから戦前、強力に推し進められた史観をはねとばして「ありのままの古代史」とは何かを模索する時期をようやく今、迎えたのだと思う。

その2　『魏志倭人伝』の「偽書性」

私たちは「倭国・倭人・卑弥呼」という表現を一般には『魏志倭人伝』のタイトル書籍で親しんでいる。ところがこの「書名」の使い方については戦前の「国史」の推進者は虚偽であることを承知した上での使用だった可能性がある。

それというのも『三国志・魏書・東夷伝』記載の「倭」とは、実は『東夷伝・韓』条によれば朝鮮半島にあり、その「韓伝」を受けて『東夷伝』中の「倭人条」があって、そこにその「倭」にかかわる「倭人」の南下する場合の旅程順が書かれている。あくまでも『三国志・魏書・東夷伝』倭人条の語る「倭」も「倭人」も、近代の「国史」に使われた「倭・倭人・和・大和」などの語とは無関係の語である。

しかし戦前の「古代史」では『三国志・魏書・東夷伝』中の「韓伝はずし」のために『魏志倭人伝』なる「書名」だけを見ることによって、ほぼ三世紀頃の極東の様子の書かれた『三国志・魏書』の本来の『東夷伝』を実質上無視する方法をあみだした。この一般に流布している『魏志倭人伝』なる単行本は戦後になってもなお「古代史の重要参考書籍」かのように扱われてきた。

本来の『東夷伝』での「倭・倭人」集団が日本列島の「近畿圏」に大挙して流入してきたのは、数世紀間波状的に展開したもので、それがかなり定着した形を見せ始めるのは『日本書紀』が本格的に編纂活動に入る八世紀の前半頃と重なることになる。近・現代における『魏志倭人伝』の名の本で議論される場合の「卑弥呼」は、畿内にあるとする「大和朝廷」なるものの「女王」などと今なお戦前の史観が通用している事実に私は重大な疑問を持っている。

その3　古墳学は砂上の楼閣である

①「一番古い前方後円墳・箸墓は卑弥呼の墓」は正しいか

右の「その2の『魏志倭人伝』」とかかわるが、「一番古い前方後円墳・箸墓は卑弥呼の墓」と言われる。この短いフレーズの中に重大な虚偽が様々含まれている。

それは「一番古い前方後円墳」とは？　「箸墓」とは？　「卑弥呼とは誰？」

ざっとこのようになるが、何故、これまで戦後八十年近くもたつのにこれらのことが本気で学者間で議論されてこなかったのだろうか。疑問説を唱える学者があったとしても、実質はそれは何の力にもなっていない。一方で古墳の宝庫か、といわれるような奈良県下でもいまだに重大な古墳群が意味のある「学問の光を当てられないまま放置されている」「話題からはずされている巨大古墳群が目の前にある」というのが実体なのである。

明治時代に来日したイギリスの技術者「ウイリアム・ゴーランド」は、当時すでに始まっていた「統制」を受け、学問の対象から外されてしまった関心事「古墳」について同様の理由で現在もなお「研究制限」が働いている事実にたいして「あれから百年以上も過ぎているよ」と驚いていることだろう。

②富雄丸山古墳・出土品報道のこと

二〇二三年二月、奈良市の「富雄丸山古墳」から突如「二点の国宝級の出土品」と騒がれた。ところで古墳とは「墓」であるなどを理由に現在内部発掘が許されていない。現在知られている石室内部の出土品等々、そのほとんどが計画的な発掘によったものではなく、過去の盗掘や土地開発の折に見つかったなど、偶然による発見物なのである。しかも、現在確認されている国内の古墳総数は「16万基」はあろうといわれ、多少でも関心を持たれている「古墳」はその百分の一にも満たないのではないか。ましてある程度古墳内部の様子が知られている古墳というのはさらに少ない。

ところで「富雄丸山古墳」は発掘調査がされていた、とはいうものの古墳の主体部ではない。現在の「発掘」は裾部計測がせいぜいなのである。つまり古墳の全体像の確認程度のことが、現在許されている「発掘」の実体なのである。しかし、それなのにこのたびは「国宝級の出土品」が出ている。もし本格的な発掘が許されていたなら、どんな発見があるのか。これはもっと積極的な「計画的発掘」を行えという警告だったのではないか。ただ一件「箸墓古墳」のある奈良県桜井市周辺のみ例外にしないで日本全体を対象にして「計画的発掘」が本気で行えるようになった場合、わが国の「古墳」は全く思いがけない「古代史」を語り出すことだろう。

右の三点について、以前それぞれのことについて私はこれまで、
『古墳の語る古代史の「虚」』
『日本古代史の「病理」』
など（いずれも彩流社刊）によって述べている。これについても参照願えればありがたいことである。

話は変わるが、一昨年八月に入った当初、鎌倉で歴史散策グループ「流鏑馬」を長年続けてこられた坂本俊雄氏から八月の散策案内がとどいた。ちょうどこの本の想を纏めている頃でそこに以下のような文面があった。

明治37年8月発行の「明星」に初出の「鎌倉や銅《かね》にはあれどみ仏は美男におはす夏木立かな」を褒めた大町桂月は、翌月の「君死にたまふこと勿れ」を激しく非難した。「すめらみことは戦ひにおほみづからは出でまさね」の詩句が問題となった。鉄幹は桂月を訪ね

討論、晶子を乱臣賊子と言ったのは言い過ぎだったと桂月に認めさせた。この頃、増田雅子・山川登美子・与謝野晶子の合同歌集を計画していた鉄幹はその集の終りに晶子の「君死にたまふこと勿れ」の詩を入れ、『恋衣』と名付けた詩歌集とした。この『恋衣』に再掲された晶子の鎌倉大仏の歌が初めてここで「鎌倉やみ仏なれど釈迦牟尼は……」と今に知られている歌となった。この『恋衣』は山川登美子の唯一の歌集として貴重である。登美子はこの歌集の中で「歌よみて罪せられきと光ある今の世を見よ後の千とせに」と歌っている。晶子の詩が影響し、雅子と登美子が停学処分になるところを鉄幹は日本女子大学に乗り込み、その処分を撤回させた。晶子の「君死にたまふこと勿れ」は、師であり夫鉄幹の十年前の日清戦争批判の「正義とは悪魔が被ぶる仮面にて」に始まり「あゝあゝ人を殺せよとえせ聖人のおしえかな」に終わる「血写歌」を日露戦争に出征の弟とその家族を想う晶子が参考にして書いたものである。（二〇二一年八月の散策案内「流鏑馬」所収）

そうなのだ。反戦の思想と政権への批判。明治のこの頃はまだ鉄幹のおこなった晶子擁護の行動もあり得た時代だった。

私はある時、『平家物語』にある「文覚」のことを知り、さらに『源平盛衰記』ではもっと詳しい「遠藤盛遠」と「袈裟御前」の話があることを知って一気に関心がわき、『文覚上人一代記』という本が青蛙房から出されることになった。これが本格的な出版物の最初ということになる。

そしてその後の展開はその本を読んで下さった宮城県の方から「私は文覚上人の末裔で、みちのくに多くの文覚伝承が残っている」との連絡をいただき「文覚とみちのく?」という疑問と関心が一気にわきあがることになった。そのことによって「みちのく」の意味に目覚めた。その第一弾が『みちのく伝承――実方中将と清少納言の恋』(一九九一年　彩流社刊)であり、以降、いよいよ私の「文覚上人の旅」が始まることになった。

この『みちのく伝承――実方中将と清少納言の恋』が彩流社にお世話になた最初の本となり、これ以降、文覚上人その人が現行日本史にひそんでいた様々な問題を私の前に披瀝してくれた。そのたびに心広く本にすることをご了解くださり、三十年を超えるおつきあい下さったのが彩流社会長の竹内淳夫氏で、ここに改めて感謝申しあげる次第である。

二〇二三年四月

相原精次

〔**著者紹介**〕

相原精次（あいはら・せいじ）歴史作家

1942（昭和17）年横浜生まれ。1965（昭和40）年國學院大学文学部卒業。

同年4月より奈良市にある私立中・高等学校に国語教師として赴任。5年間勤務後、横浜に戻る。

2003（平成15）年4月、神奈川県立高等学校を定年退職。執筆活動に専念。

〈主な著書〉

『文覚上人一代記』（青蛙房）、『かながわの滝』（神奈川新聞社）

『みちのく伝承・清少納言と実方中将の恋』、『文覚上人の軌跡――碌山美術館の「文覚」像をめぐって』、『鎌倉史の謎――隠蔽された開幕前史』、『図説「鎌倉史」発見――史跡・伝説探訪の小さな旅』、『「濃・飛」秘史 文覚上人と大威徳寺――鎌倉幕府創建への道』、『平城京への道――天平文化をつくった人々』、『古墳が語る古代史の「虚」――呪縛された歴史学』、『解析『日本書紀』――図版と口語訳による『書紀』への招待』『日本古代史の「病理」――戦争体験を風化させる学界の風潮』（以上彩流社）

『神奈川の古墳散歩』、『関東古墳散歩――エリア別徹底ガイド』、『東北古墳探訪――東北六県＋新潟県 古代日本の文化伝播を再考する』、『千曲川古墳散歩――古墳文化の伝播をたどる』（以上共著・いずれも彩流社）他。

再考《さいこう》「鎌倉史《かまくらし》」と征夷大将軍《せいいたいしょうぐん》――「古代《こだい》みちのく」と家持《やかもち》・文覚《もんがく》・頼朝《よりとも》

2023年8月31日　初版第1刷発行　　定価は、カバーに表示してあります。

著　者　**相　原　精　次**

発行者　**河　野　和　憲**

発行所　株式会社　**彩　流　社**

〒101-0051 東京都千代田区神田神保町3-10　大行ビル6F

TEL 03-3234-5931 FAX 03-3234-5932

ウェブサイト　http://www.sairyusha.co.jp

E-mail sairyusha@sairyusha.co.jp

印刷・製本 ㈱丸井工文社

装幀　小 林 厚 子

ISBN 978-4-7791-2922-3　C0021

㊂は電子版有りを示す

日本古代史の「病理」

78-4-7791-2618-5 C0021 (20 02) ㊂

戦争体験を風化させる学界の風潮　相原精次著

皇国史観からの脱却が言われた戦後、新しい史観によって見直されたはずの古代史が、再び〝大和史観〟で覆われている。疑問に向き合わせない学界の実態を衝き、内省を「自虐」と捉え、直視を避ける〝無関心さ〟に警鐘を鳴らす。　A5判並製　2,800円+税

古墳が語る古代史の「虚」

978-4-7791-1914-9 C0021 (13. 07) ㊂

呪縛された歴史学　相原精次著

全国に散在している多くの古墳の詳しい発掘調査が行われないのはなぜか。「古墳といえば前方後円墳 = 大和」というイメージの強さが、何かを見落とさせているのでは?「古墳時代」という言葉で隠された墳墓研究の史的実態に迫る。　四六判並製　2,500円+税

東北古墳探訪

978-4-7791-1429-8 C0021 (09. 08)

東北六県+新潟県　古代日本の文化伝播を再考する　相原精次著

東北の古墳(含新潟県)を網羅した画期的な古墳本！ 紹介されてこなかった膨大な数の古墳・古墳群をすべてカラー写真で詳説。古代における日本海沿岸地域と東日本の文化交流に新たな視点をもたらし、従来の古代史観、文化伝播の常識を覆す！　A5判並製　2,800円+税

鎌倉史の謎

78-4-88202-553-5 C0021 (98. 01) ㊂

隠蔽された開幕前史　相原精次著

鎌倉幕府成立以前は「一寒村にすぎなかった」という常識は、頼朝がなぜ「鎌倉」を選んだかを説明できない。奈良と鎌倉をつなぐ重要人物、良弁と父親染屋時忠の実像、相模国の古代史像の"発掘"を通して描く「奈良時代の鎌倉」の実態。　四六判並製　1,900+税

「濃・飛」秘史 文覚上人と大威徳寺

978-4-7791-1377-2 C0021 (08. 09) ㊂

鎌倉幕府創建への道　相原精次著

文覚上人と大威徳寺——。岐阜県下呂市加子母地区に伝わる史実とその意味に光を当てる鎌倉前史の再考。大威徳寺発掘調査によって明らかになった史的重要性を、鎌倉幕府創建を支えた文覚上人との関わりから探る。壬申の乱の舞台の一つでもある。四六判並製 2,000+税

解析『日本書紀』

78-4-7791-2316-0 C0021 (17 07)

図版と口語訳による『書紀』への招待　相原精次著

『日本書紀』の全体構造を七層に分解、図表化し、層ごとに登場する主な人物関係を系図化して示す。『日本書紀』の特色、読み方、楽しみ方を親しみやすいビジュアル化した編集のもとに解析。口語訳は簡明にし、単語解説および事項解説を付した。　菊判上製 5,500円+税